Das Deutschland-Quiz

AF286041

Helmut Reinke

Das Deutschland-Quiz

166 Geschichten aus 16 Bundesländern

Bibliografische Information der Deutschen Nationalbibliothek:
Die Deutsche Nationalbibliothek verzeichnet diese Publikation in der
Deutschen Nationalbibliografie; detaillierte bibliografische Daten sind im
Internet über http://dnb.d-nb.de abrufbar.

Satz, Umschlagdesign, Herstellung und Verlag:
Books on Demand GmbH, Norderstedt
ISBN: 978-3-8370-3344-1

Vorwort

Dreißig Jahre deutsche Einheit – in normalen Zeiten ein guter Grund, ein Fass zu öffnen und fröhlich zu feiern. Aber solange die Pandemie nicht besiegt ist, die weltweite Coronaseuche immer wieder aufflackert und das Zusammenleben mit Maske und Abstand erschwert, hält sich die Feierlaune in Grenzen. Immerhin gibt es zum runden Geburtstag gute Signale: Neun von zehn Deutschen halten die Wiedervereinigung für gelungen. Und die Ost- und Westdeutschen sind sich in drei Jahrzehnten ein gutes Stück nähergekommen: Das sagen zumindest 53 Prozent im Westen und 63 Prozent im Osten. Hallo Nachbarn, da ist noch Luft nach oben!

Wie gut kennen wir uns aus zwischen Flensburg im äußersten Norden Schleswig-Holsteins bis Mittenwald an der Grenze zu Österreichs; von Aachen, der alten Kaiserstadt nahe Belgien, bis Frankfurt/Oder am Grenzfluss zum polnischen Nachbarn? Wie gut kennen wir uns aus in den 13 Bundesländern und drei Stadtstaaten Berlin, Hamburg und Bremen? Kennen sich die „Wessis" inzwischen ein bisschen besser auch bei den „Ossis" aus, in Leipzig oder in Dresden, im schönen Harz oder im Nordosten an den herrlichen Küsten von Mecklenburg-Vorpommern?

Gucken wir mal. An heißen Tagen zischen Hamburger und Zugereiste gern mal ein kühles Getränk, das aus Bier und Zitronensprudel gemixt ist. Prost, Alsterwasser!

Da muss man seinen Wilhelm Busch schon sehr genau gelesen haben, um das Ende der Bösewichter Max und Moritz zu erinnern. Ihr letzter Streich wurde ihnen zum Schicksal: In Meister Müllers Mühle landeten sie, kleinkörnig, als Hühnerfutter.

Dieses Kleingeld hat jeder im Portemonnaie: drei Münzen zieren das Brandenburger Tor, Symbol der Teilung am 13. August 1961 und der Wiedervereinigung am 3. Oktober 1990. Es sind 10, 20 und 50 Cent.

Und eine Zahl, die Geschichte machte: Der Reformator Martin Luther schlug 1517 an die Pforte der Schlosskirche zu Wittenberg in Sachsen-Anhalt seine berühmten Thesen gegen den Ablasshandel – und leitete damit die Reformation ein. Die Thesen sind heute an der Bronzetür der Schlosskirche nachzulesen: Es sind 95.

Im thüringischen Altendorf werden Spielkarten seit dem Mittelalter hergestellt. Skat, das Spiel mit 32 Karten, ist nach wie vor Trumpf. Unvorstellbar ist die Menge: jährlich 40 Millionen Stück!

Das Deutschland-Quiz mit seinen vielen amüsanten Geschichten ist in der dritten Buchauflage auf den aktuellen Stand gebracht – soweit das bei den sich schnell verändernden Ereignissen wegen Corona möglich war. Großveranstaltungen mit Massenandrang wie Karnevalsumzüge oder Festwiesen wird es vorerst wegen der Infektionsgefahr nicht geben.

Doch: Auch wenn wir mit Beschränkungen leben müssen, unser Einheits-Deutschland ist und bleibt durch seine Vielfalt ein buntes, abwechslungsreiches, liebenswertes Land. Es lohnt, mehr über uns zu erfahren. Damit wir uns besser auskennen, besser verstehen.

Mitmachen ist nicht allzu schwer. Auch wenn man bei der Suche nach der richtigen Antwort schon mal seine Probleme hat. Helmut Reinke, ein erfahrener Journalist, ehemaliger Chefredakteur großer TV-Magazine und Buchautor, hat für dieses Länder-Quiz eine Fülle an Informationen zusammengestellt, die Sie auf spielerische Art mit Besonderheiten, Eigenarten und Interessantem eines Bundeslandes bekannt machen.

Unser Deutschland-Quiz startet im nördlichsten Bundesland, in Schleswig-Holstein. Ein Land mit langen Küsten zur Nord- und Ostsee, die touristisch erschlossen sind. Nicht gerade gesegnet mit Industrie. Brücke nach Skandinavien. Schöne alte Städte. Hügelland im Osten und platt wie ein Pfannkuchen im Westen, wo die oft stürmische Nordsee gegen die nordfriesischen Inseln anrennt und Menschen dem Meer in Jahrhunderten Land abtrotzen. Die Landschaft und ihre Menschen: Nicht leicht zugänglich, aber verlässlich, wenn man sie näher kennt.

In 10 kurzen Geschichten erfahren Sie ein bisschen mehr von den Nordlichtern. Sie haben jeweils drei Antwortmöglichkeiten. Nur eine ist richtig. Die fett gedruckten Buchstaben vor den richtigen Antworten ergeben in der Reihenfolge 1- 10 das Lösungswort Es steht in enger Beziehung zum vorgestellten Bundesland.

Nach diesem Muster geht die Reise in den nächsten 15 Kapiteln weiter. Bundesland für Bundesland. Das ganze vereinte Deutschland im 30. Jahr in insgesamt 166 kurzen und hoffentlich für Sie kurzweiligen Erzählungen.

*

Sollten Sie bei der Beantwortung dieser oder jener Frage nicht weiterkommen, dann blättern Sie bis zur allerletzten Buchseite (191): Hier finden Sie alle Auflösungen für jedes Bundesland.

Wo steht was?

Kiel

Schleswig-Holstein

Mecklenburg-
Vorpommern

Bremen

Schwerin

Hamburg

Niedersachsen

Berlin

Hannover

Magdeburg

Potsdam

Nordrhein-
Westfalen

Sachsen-
Anhalt

Branden-
burg

Düsseldorf

Sachsen

Bonn

Hessen

Erfurt

Dresden

Thüringen

Rheinland
Pfalz

Wiesbaden

Mainz

Saarbrücken

Saarland

Stuttgart

Bayern

Baden-
Würtemberg

München

SCHLESWIG-HOLSTEIN:
Nordlichter zwischen zwei Meeren

1 Im deutschen Norden der typische historische Baustil: Ganze Städte und Stadtteile, Kirchen, Rathäuser, Stadttore und Herrenhäuser wurden seit dem 12. Jahrhundert mit rotem Ziegelstein gebaut. Dabei entwickelte sich ein eigenwilliger Stil mit großem Formenreichtum. Lübeck wurde stilbildend für den ganzen Ostseeraum, über Mecklenburg und Pommern hinaus bis Danzig, Riga, Reval. Weltweite Anerkennung fand die Hansestadt an der Trave durch die UNESCO, die Lübecks Altstadt zum „schützenswerten Weltkulturgut" erklärte. Die Marienkirche, zwischen 1250 und 1351 erbaut, ist Vorbild für hundert Kirchenbauten; die Baumeister Schleswig-Holsteins leisteten damit ihren eigenen Beitrag zur deutschen Stilgeschichte. Der Name dieses Baustils?

    T.   Backsteingotik
    P.   Barock
    K.   Renaissance

2 Der Kanal ist über hundert Jahre alt und verkürzt den Seeweg zwischen Hamburg und Rostock um 462 Kilometer. Er durchschneidet das Land zwischen den Meeren in fast hundert Kilometer Länge, ist 162 Meter breit und elf Meter tief. Heute für Großtanker und schwergewichtige Containerschiffe nicht mehr passierbar, dennoch nach wie vor eine der verkehrsreichsten internationalen Wasserstraßen. Ursprünglich trug der Kanal den Namen des deutschen Kaisers Wilhelm – im demokratischen Deutschland wurde daraus ein geografisch

korrekter: Nord-Ostsee-Kanal. Wie heißen die Städte an der Unterelbe und an der Ostsee, die er verbindet?

M. Glückstadt – Lübeck
Z. Husum – Eckernförde
H. Brunsbüttel – Kiel

3 Lübeck, die Hansestadt der sieben Türme, exportiert ein Produkt weltweit, das nach dem Astrologen Nostradamus lange als „Arzney" galt, die „gar lieblich zu essen" war. Bis zum 18. Jahrhundert gab es in Deutschland die berühmte Süßigkeit nur auf Rezept beim Apotheker, weil der für den Verkauf von Zuckerwaren zuständig war. Thomas Mann, Lübecks berühmtester Sohn, sprach vom Marzipan als „Haremskonfekt", weil schon die Kalifen im alten Persien darauf besonders scharf waren. Als Kraftbrot soll es 1407 das unter einer Hungersnot leidende Lübeck gerettet haben. Ein Ratsherr hatte die Idee, aus den Rohstoffen für Marzipan „Brote" für seine Mitbürger zu formen. Was ist neben Zucker und geheimen Zutaten Hauptbestandteil des Lübecker Exportschlagers?

K. Erdnüsse
O. Mandeln
L. Pistazien

4 Dem großen Dichter, der hier die meiste Zeit seines Lebens verbrachte, begegnet man noch heute auf Schritt und Tritt: Theodor Storm (1817 – 1888) und seine Heimatstadt Husum an der Westküste des nördlichsten deutschen Bundeslandes. Erst durch die große Sturmflut im 14. Jahrhundert wurde Husum zur Hafen- und blühenden Handelsstadt. Die kernigen Typen der rauen, meist wolkenverhangenen Küstenstadt hat Storm liebevoll beschrieben (Pole Poppenspäler, Der Schimmelreiter), aber die Stadt mit ihrem verträumten Charme ist längst nicht so, wie er sie nannte.

Z. Venedig des Nordens

A. Weimar des Nordens

M. Graue Stadt am Meer

5 Bis zum beginnenden 19. Jahrhundert war die nordfriesische Insel ein verlassenes Seeräuber-Eiland. Ihre Existenz verdankt sie der verheerendsten Sturmflut an der Nordseeküste, der „Manndränke" von 1342, die die Landschaft veränderte. Gegen die 40 Kilometer lange sandige Westküste der Königin unter den zwölf Inseln Nordfrieslands rennt die Nordsee auch heute noch so heftig an, dass sie ständig Land verliert. An ihrer schmalsten Stelle misst sie nur 500 Meter. Zum Festland führt seit 1927 der Hindenburgdamm, der nur von der Eisenbahn befahren werden darf. Der Name dieses Paradieses für Menschen, die Highlife suchen, aber auch viele stille Winkel finden?

A. Sylt

C. Amrum

F. Föhr

6 Schleswig-Holstein ist vielsprachig: Hochdeutsch, Niederdeutsch, Dänisch, Friesisch, Romanes – das einzige Bundesland, in dem zwei nationale Minderheiten und eine Volksgruppe leben: die dänische Minderheit im Landesteil

Schleswig, die deutschen Sinti und Roma überall zwischen den Küsten und die Friesen im Westen, auf den nordfriesischen Inseln und auf Helgoland. Die dänische Minderheit ist mit einem eigenen Wählerverband im Kieler Parlament vertreten. Das Europäische Zentrum für Minderheitenfragen (EMCI) in Flensburg setzt Zeichen, wie mit Minderheiten in ganz Europa umgegangen werden kann. Plattdeutsch versteht im Land fast jeder – und ein Gruß ist von morgens bis abends überall zu hören.

X. Tach
W. Hallo
S. Moin, moin

7 Es steht unter Naturschutz, ist einzigartig: das Watten-meer. Es steht unter dem Gesetz der Tiden (Gezeiten), und Touristen sind gut beraten, wenn sie sich bei Wattenwan-derungen einem erfahrenen Führer anvertrauen. Denn bei Flut steigt das Wasser knie- bis viele Meter hoch, bei Ebbe gibt der Meeresboden, der dann wie eine feuchte Wüste aussieht, seine Wunder preis. Das Watt lebt: Muscheln, Schnecken, Seesterne – und Scharen von Vögeln bevölkern es. Auf einem Quadratmeter Wattboden wurden 50.000 winzige Schnecken und ebenso viele Schlickkrebschen gezählt. Aber Vorsicht, wenn die Flut heranrollt. Wie oft am Tag weicht sie zurück und legt die Ebbe eine Riesenfläche Land vor der nordfriesischen Küste frei?

M. Zweimal in 24 Stunden
B. Viermal in 24 Stunden
C. Sechsmal in 24 Stunden

8 Zwischen Elbe und Bille im äußersten Südosten von Schleswig-Holstein erstreckt sich das mit 70 Quadratkilometern größte Waldgebiet des Landes. Der Sachsenwald ist ein altes, an stein- und bronzezeitlichen Grabstätten reiches Kulturland, seit 1871 im Privatbesitz, aber als Wandergebiet für die Bevölkerung offen. Kaiser Wilhelm I. hat damit einen verdienten Mitarbeiter honoriert, der für ihn im Jahre 1871 die deutschen Staaten und Provinzen zu einem Reich zusammenschmiedete. Ein Museum und ein Mausoleum in Friedrichsruh mitten im Sachsenwald erinnern noch heute an den Fürsten Otto von Bismarck, dem Historiker welchen Beinamen gaben?

F. Kanzler der Einheit

A. Eiserner Kanzler

G. Otto der Große

9 Die kleinsten „Inseln" im nordfriesischen Wattenmeer sind genau genommen gar keine, denn ohne Deiche sind sie schutzlos den Naturgewalten ausgeliefert. Von den zehn Halligen haben nur drei – Langeneß, Hooge und Oland – schwache Sommerdeiche. Mehrmals im Jahr werden die Halligen überflutet. „Land unter" heißt es dann. Doch die findigen Friesen fanden einen Ausweg, sich und ihre Häuser vor dem tobenden Meer zu schützen. Worauf bauen sie?

N. Auf Warften

M. Auf Holzstämmen

O. Auf Betonstützen

10

Die rote Insel im Meer, 70 Kilometer vom Festland entfernt, hat eine bewegte Geschichte. Helgoland kam 1890, als Tausch gegen die Kolonialrechte in Sansibar und Ostafrika, von Großbritannien zu Deutschland. Im zweiten Weltkrieg schwer zerstört, danach von der britischen Luftwaffe als Bomben-Übungsziel missbraucht – doch die Insel überlebte 6700 Tonnen Sprengstoff, und Helgoland erstand neu. Heute ist das Felseneiland aus rotem Buntsandstein wieder Touristen-Attraktion, Einkaufsparadies mit Zoll- und Steuerprivilegien und Station der Zugvögelschwärme. 1840 schrieb hier ein deutscher Dichter das Lied, dessen dritte Strophe („Einigkeit und Recht und Freiheit") die Nationalhymne aller Deutschen ist. Der Name des Schriftstellers, der wegen seiner freiheitlichen nationalen Gesinnung den Hut in Deutschland nehmen musste und aufs damals englische Helgoland emigrierte?

N.   Hoffmann von Fallersleben

Z.   Friedrich Hebbel

P.   Detlev von Liliencron

Das Lösungswort:

1☐ 2☐ 3☐ 4☐ 5☐ 6☐ 7☐ 8☐ 9☐ 10☐

Die fett gedruckten Buchstaben vor den jeweils richtigen Antworten von 1 – 10 ergeben das Lösungswort: Vor- und Zuname eines berühmten Deutschen, dessen Bücher zur Weltliteratur zählen. Sein Lübecker Elternhaus war Schauplatz des Romans über den Verfall einer dekadenten Kaufmannsfamilie. Dafür erhielt er 1929 den Literatur-Nobelpreis.

INFOS Schleswig-Holstein ist das nördlichste deutsche Bundesland. Auf 15 700 Quadratkilometern leben 2,8 Millionen Menschen. Landeshauptstadt ist Kiel. Die Küsten des Landes zwischen den Meeren sind 1190 Kilometer lang. Die wichtigsten Städte neben Kiel: Lübeck, Flensburg im äußersten Norden an der dänischen Grenze und Rendsburg am Nord-Ostsee-Kanal. An beiden Küsten und auf den sieben Inseln spielt der Tourismus eine wichtige Rolle. Das Schleswig-Holstein Musik Festival mit Musikern von Weltruf, die in Scheunen, Gutshöfen und Parks auftreten, ist im Sommer eine besondere Attraktion.

Kiel

Schleswig-
Holstein

Mecklenburg-
Vorpommern

Bremen

Schwerin

Hamburg

Niedersachsen

Berlin

Hannover

Magdeburg

Potsdam

Brandenburg

Nordrhein-
Westfalen

Sachsen-
Anhalt

Düsseldorf

Sachsen

Bonn

Erfurt

Dresden

Hessen

Thüringen

Rheinland
Pfalz

Wiesbaden

Mainz

Saarbrücken

Saarland

Stuttgart

Bayern

Baden-
Würtemberg

München

HAMBURG:
Frei, fein und fortschrittlich

1 Die „Freie und Hansestadt Hamburg", so ihr offizieller Titel, ist einer der drei Stadtstaaten der Bundesrepublik (neben Berlin und Bremen) und nach Berlin Deutschlands größte Stadt mit 1,8 Millionen Einwohnern. Eine berühmt-berüchtigte und viel besungene Straße wird überall sofort mit der Metropole an der Elbe in Verbindung gebracht: die Reeperbahn im Hafenviertel St. Pauli, „Hamburgs sündigste Meile", die jährlich Millionen Menschen anlockt. Zwischen 1626 und 1883 ging's auf der Reeperbahn weniger vergnüglich zu. Da war im Schatten des Hafens ehrbares Handwerk angesagt, dem die Straße ihren Namen verdankt. Der stammt, wie vieles in Hamburg, aus dem Niederdeutschen, das bis weit ins 19. Jahrhundert Umgangssprache war.

H. Hier wurden in langen Bahnen Schiffstaue aus Hanf hergestellt

Z. Hier galoppierten Reiter über die Rennbahn

O. Hier trafen sich Reeder, um neue Geschäfte anzubahnen

2 Das Autokennzeichen „HH" steht für Hansestadt Hamburg und nicht etwa für „Hummel Hummel", dem populären hanseatischen Gruß. Den „Hummel" gab's wirklich. Der hieß mit bürgerlichem Namen Johann Wilhelm Bentz und schuftete im 19. Jahrhundert als Wasserträger in der Hamburger Neustadt: auf dem Rücken ein Joch, an dem zwei prall gefüllte Eimer Wasser hingen, die er den Leuten brachte, als

Trinkwasser noch nicht aus der Leitung floss. Immer verfolgt von Kindern, die ihn mit ihrem Schmähruf „Hummel Hummel" ärgerten (Hummel vom plattdeutschen Griephummer oder Hummer, dem Spottnamen für „greifende" Gerichtsdiener). „Hummel" Bentz war um eine deftige Antwort nicht verlegen, die sich bis heute im Sprachschatz selbst feiner Hamburger als Hummel-Echo gehalten hat.

M. Schietbüdels

E. Mors, Mors

V. Hool dien Muul

3 Hamburg und sein Hafen: eine schon über 800 Jahre während Liebesgeschichte. Jedes Jahr im Mai wird zünftig Geburtstag gefeiert. Immer mit Rekord-Andrang: 1,5 Millionen Besucher. Am 7. Mai 1189 schenkte Kaiser Friedrich Barbarossa den Hamburgern einen Freibrief, der Schiffen auf der Elbe von der Stadt bis an die Nordsee Zollfreiheit gewährte: die Geburtsstunde des Hamburger Hafens. 80.000 Menschen arbeiten heute im flächenmäßig größten europäischen Überseehafen, Hamburgs Tor zur Welt, dem die Hansestadt ihren Reichtum verdankt. Auswärtige Gäste denken oft, Hamburg liege am Meer. Irrtum. Es ist ein langer Weg von den Landungsbrücken bis zur Nordsee. Wie weit?

P. 20 Kilometer

Z. 60 Kilometer

L. 110 Kilometer

4 War er der brutale Seeräuber, der im ausgehenden 14. Jahrhundert auf Nord- und Ostsee Jagd auf Koggen der

Hanse machte? Oder war er der edle „Robin Hood der Meere", der die reichen „Pfeffersäcke" nur ausraubte, um hungernden Armen zu helfen? Um Klaus Störtebeker ranken sich viele Legenden. Historiker vermuten, dass er der Chef der so genannten Vitalienbrüder (Vitalien steht für Lebensmittel) war, gefürchtet und verfolgt von den Hamburger Handelsherren. Verbürgt ist, dass der vermutlich in Wismar geborene Freibeuter der Hanse am 20. Oktober 1400 auf dem Hamburger Grasbrook sein abenteuerliches Leben aushauchte. Noch im Tod, so die Legende, ein Held: Er wankte an vier mit ihm verurteilten Kumpanen vorbei, die, wie er mit seinen Richtern gewettet hatte, begnadigt wurden. Wie starb Störtebeker?

M. Durch Enthaupten
F. Am Galgen
C. Durch Gift

5 Hamburg ist mehr als eine Hafen- und Handelsstadt: Das kulturelle Angebot ist Spitze. Die Staatsoper, 1678 gegründet, zählt zu Europas führenden Opernhäusern. John Neumeiers Ballett genießt Weltruf. Das Schauspielhaus, mit 1500 Plätzen die größte deutsche Sprechbühne, wurde mehrfach als bestes deutsches Theater ausgezeichnet. Gustaf Gründgens und Peter Zadek führten hier Regie. Kampnagel – ein wichtiger Ort für internationale Gastspiele. Musicals wie „Der König der Löwen" oder „Mamma Mia!" langjährige Publikumsschlager. Eine Bühne haben die Hamburger besonders ins Herz geschlossen, deren Aufführungen seit 1954 im Fernsehen bundesweit für hohe Einschaltquoten sorgen. Wie heißt dieses erfolgreiche Volkstheater, das mit dem Namen Heidi Kabel eng verbunden ist?

T. St. Pauli-Theater
U. Ohnsorg-Theater
A. Thalia-Theater

6 Hamburg multikulti: Jeder siebte Einwohner (über 250.000 aus 100 Nationen) hat einen ausländischen Pass. Das bringt der liberalen Metropole manche Probleme, aber auch kulturelle Bereicherung. Und kulinarische Genüsse in den vielen internationalen Restaurants. Die traditionelle heimische Küche hält deftig dagegen. Mit Gerichten wie Birnen, Bohnen und Speck, Finkenwerder Scholle, Stint im Frühjahr, Aalsuppe, Labskaus, Rote Grütze. Ein beliebtes, typisch hamburgisches Getränk an heißen Tagen ist ein Mix aus Bier und Zitronensprudel. Der Name?

W. Kühles Blondes
D. Radler
T. Alsterwasser

7 Hamburg ist die Stadt mit den meisten Millionären Deutschlands. Aber mit Reichtum zu protzen ist nicht die feine hanseatische Art. Nur beim Bau seines Rathauses mitten in der City hat Hamburg alle sprichwörtliche Bescheidenheit hintangestellt: Zwischen 1886 und 1897 wurde auf 4000 Eichenpfählen ein prachtvoller Palast des Bürgertums förmlich in den Sand gesetzt, 111 Meter breit und 112 Meter hoch. Die 647 Zimmer sind mit Gold und Messing, Samt und Seide, Marmor und Stuck ausgestattet. Das Rathaus, täglich geöffnet auch für Besucher, ist Sitz der Landesregierung und des Parlaments, die im Stadtstaat Senat und Bürgerschaft heißen. Wie lautet die offizielle Amtsbezeichnung des Hamburger Regierungschefs?

Z.   Senator

A.   Ministerpräsident

S.   Erster Bürgermeister

8 „Hamburg, meine Perle" (von Lotto King Karl) wird in vielen Liedern besungen. Die Hip-Hopper von Fettes Brot haben mit „Nordish by Nature" ein Loblied auf den Norden Deutschlands und die Hansestadt geschrieben. Es gibt sogar eine offizielle Hamburg-Hymne: „Stadt Hamburg an der Elbe Auen". Bekannter sind jene Schlager, die längst den Status einer inoffiziellen Hymne haben, gesungen von prominenten Hamburger Bühnen-, Film- und Fernsehstars. Unvergessen der „große, blonde Hans mit den blauen Augen": Hans Albers (1891 – 1960). Welches seiner Lieder, das auch Titel eines Kinofilms mit dem waschechten Hamburg Jung ist, macht heute noch bei fröhlichen Feten deutschlandweit die Runde?

B.   Junge, komm bald wieder

C.   Auf der Reeperbahn nachts um halb eins

P.   In Hamburg sagt man tschüs

9 Sie sind zwar keine Himmelsstürmer wie der Fernsehturm (mit 276 Metern), aber unübersehbar im Hamburger Stadtbild: die schönen, alten Kirchen, die im zweiten Weltkrieg zerbombt und inzwischen wiederaufgebaut wurden. Wahrzeichen der Hansestadt und eine der bedeutendsten Barockkirchen Norddeutschlands ist St. Michaelis, der „Michel". Einzigartig der Blick auf Hafen, City und Unterelbe vom 132 Meter hohen Turm. Hamburgs älteste Kirche ist St. Petri an der Mönckebergstraße, der beliebten Shopping-Meile. Sehens- und hörenswert in St. Jacobi

(Steinstraße) die Arp-Schnitger-Orgel aus dem 17. Jahrhundert. Als Mahnmal für die Opfer des Bombenkrieges blieb der 143 Meter hohe Turm von St. Nikolai (Ost-West-Straße) erhalten; die Kirche, dem heiligen Nikolaus geweiht, wurde 1943 bei einem Luftangriff zerstört. Welcher Berufsgruppe dient St. Nikolaus als Schutzpatron?

H.   Den Seeleuten, Kaufleuten, Brückenbauern

Q.   Den Feuerwehrmännern und Bierbrauern

R.   Den Bergleuten

10 Hamburg charmant: der Jungfernstieg, Eleganz pur, die angrenzende Binnenalster mit Alsterpavillon und Ausflugsbooten – zwei dicht befahrene Straßenbrücken weiter die Außenalster, Paradies für Segler und die Schwanenflotte. Für sie bezahlt der Senat sogar extra einen „Schwanenvater", der sie betreut, im Winter auf einen eisfreien Teich und im Frühjahr zurück auf die Alster bringt. Welche Millionenstadt kann schon mit einem solchen See mitten im Zentrum für sich werben! Als die alte Lombardsbrücke nach dem Krieg zu eng wurde für den wieder auflebenden Autoverkehr, bauten die Stadtarchitekten 1953 eine zweite Querung über den nur 30 Meter breiten Durchfluss zwischen Binnen- und Außenalster. Seit dem Jahr 1963 trägt sie den Namen eines US-Präsidenten. Er war unmittelbar nach dem Mauerbau 1961 in Berlin der unbeirrbare Garant für die bedrohte Freiheit des Westens. Sein Name?

N.   Reagan

M.   Kennedy

O.   Eisenhower

11 Grünes Hamburg: Im Südosten die Vierlande, seit Jahrhunderten Gemüse- und Blumengarten für die Metropole. Wer elbabwärts nach Nordwesten fährt, über die Elbchaussee, vorbei an Hamburgs schönsten und teuersten Villen, findet vor den Toren der Stadt, in Wedel, ein beliebtes Ausflugsziel: das Schulauer Fährhaus. Hier werden die großen Pötte aus aller Welt mit den Flaggen und Hymnen ihrer Länder begrüßt. 12.000 Seeschiffe schwimmen jedes Jahr vorbei. Am Elbufer gegenüber, in Nachbarschaft von Hamburgs größtem Arbeitgeber, den Airbus-Bauern, eine andere Welt: Fachwerk-idylle, Wassergräben und Kanäle im traditionellen Obstgarten Norddeutschlands, dem größten deutschen Obstanbaugebiet. Auf 9500 Hektar reifen hier in großen Baumplantagen vor allem…?

    I.   Äpfel

    X.   Pflaumen

    Y.   Birnen

12 Zurück zum Hafen. Seit Öffnung der Märkte im Os-ten brummt der Container-Umschlag. Bis zur Krise 2009, danach schnelle Zuwächse. Rund um die Uhr wird im Minutentakt be- und entladen. Schiffe aus aller Welt, die Hamburg ansteuern, werden immer dicker. Der größte Frach-ter, 350 Meter lang und 43 Meter breit, der sich in eines der Hafenbecken zwängte, hatte 9500 Container geladen. Auch für die Königin der Luxuskreuzer, die „Queen Mary 2", von den Hamburger besonders heiß geliebt, wird es eng, wenn sie eindockt. Damit nichts passiert, herrscht strenge Ordnung. Im Vorort Blankenese klettern Männer an Bord, die sich mit Tide und Tücken des Hafens genau auskennen. Ohne ihren

Job kommen selbst die erfahrensten Kapitäne der Weltmeere nicht sicher ans Ziel. Wie heißen die kundigen Helfer?

D. Hafenlotsen

E. Steuermänner

F. Bugsierer

13 Mehr als die Hälfte aller Zeitungen und Zeitschriften, die im deutschsprachigen Raum verbreitet sind, wird in der Medien-Hochburg Hamburg produziert. Die größten Verlage – Springer, Gruner + Jahr, Bauer – haben ihren Sitz in der Hansestadt. Die Deutsche Presse-Agentur (dpa) beliefert die meisten deutschen Tageszeitungen rund um die Uhr mit aktuellen Nachrichten. In unmittelbarer Nachbarschaft von Deutschlands schönstem Privatzoo („Geh'n wir mal zu Hagenbeck"), wo 2500 Tiere von Ara über Elefanten bis Zebra in einem 27 Hektar großen Park zu bewundern sind, liegen die Fernsehstudios des Norddeutschen Rundfunks (NDR). Was immer in der Welt passiert, kommt von hier aus in vielen Nachrichtensendungen tagsüber und nachts in unsere Wohnzimmer. Die bekannteste News-Sendung?

A. heute

B. ARD-Mittagsmagazin

T. Tagesschau

Das Lösungswort:

☐ ☐ ☐ ☐ ☐ ☐ ☐ ☐ ☐ ☐ ☐ ☐ ☐
1 2 3 4 5 6 7 8 9 10 11 12 13

Die fett gedruckten Buchstaben vor den jeweils richtigen Antworten in der Reihenfolge 1 – 13 ergeben das Lösungswort: Vor- und Zuname jenes Politikers, der während der Flutkatastrophe im Februar 1962, bei der 20 Prozent der Stadt überschwemmt wurden und 340 Menschen starben, als Innensenator Hamburgs die Rettungsarbeiten leitete. In der 70er Jahren löste er in Bonn Willy Brandt als Bundeskanzler ab. 1982 durch Helmut Kohl gestürzt, blieb der 1918 geborene Hamburger bis zu seinem Tod 2015 politisch aktiv, schrieb viele Bücher.

Infos

Während viele Städte klagen, herrscht in Hamburg Optimismus: Die Stadt wächst. Auf ungenutzten Flächen des Hafens entsteht ein neuer Stadtteil: die Hafen-City. Nur 800 Meter vom Rathaus entfernt wird Wohnraum für 12.000 Menschen gebaut, neue Arbeitsstätten sollen 40.000 Menschen Jobs bringen. Einen alten Kaispeicher krönt künftig eine Konzerthalle, die Elbphilharmonie mit 2200 Sitzplätzen im größeren der beiden Säle. Neue Brücken verbinden die Hafen-City mit dem Zentrum – mit 2500 Brücken ist Hamburg schon heute Europas brückenreichste Stadt. Die wirtschaftliche Bedeutung für den Außenhandel der Bundesrepublik zeigt die Zahl der konsularischen Vertretungen: 100 Konsulate, nach New York und Hongkong die meisten in der Welt. Mit über tausend Stiftungen, Rekord in Deutschland, unterstützen vermögende Hanseaten karitative und kulturelle Einrichtungen. In 20 Jahren, so die Zukunftsprognose, wird Hamburgs Einwohnerzahl die Zwei-Millionen-Grenze erreichen. Damit wäre die Stadt die am stärksten wachsende Metropole Deutschlands.

Kiel
Schleswig-
Holstein

Mecklenburg-
Vorpommern

Schwerin

Bremen

Hamburg

Niedersachsen

Berlin

Hannover

Magdeburg

Potsdam

Nordrhein-
Westfalen

Sachsen-
Anhalt

Branden-
burg

Düsseldorf

Sachsen

Bonn

Hessen

Erfurt

Dresden

Thüringen

Rheinland
Pfalz

Wiesbaden

Mainz

Saarbrücken

Saarland

Bayern

Stuttgart

Baden-
Würtemberg

München

MECKLENBURG-VORPOMMERN:
Liebgewordenes Ferienland aller Deutschen

1 Von wegen Meckpomm kann nur Ackerbau und Tourismus! Wenn auf den Weltmeeren Luxusliner und Container-Kolosse kreuzen, dann dank international begehrter Präzisionsarbeit, die die Mecklenburger Metallguss GmbH liefert. Die berühmte Queen Mary 2 wäre eine lahme Ente ohne ihre vier Propeller made an der Müritz: 140 000 PS werden auf die gewaltigen Schiffsschrauben übertragen, um das längste Meereshotel der Welt anzutreiben. Aufträge rund um den Globus beweisen das Vertrauen in die weltweit führenden Mecklenburger Propeller-Profis. Die MSC Pamela, ein Containerschiff der Superlative, haben sie mit einer Schiffsschraube von 8,80 Metern Durchmesser und 93 Tonnen Gewicht bestückt. Standort des Vorzeige-Betriebes im nordöstlichsten Bundesland ist seit seiner Gründung vor 130 Jahren eine sympathische Kleinstadt an der Müritz, dem größten deutschen Binnensee. Ihr Name?

 F. Waren

 G. Bad Doberan

 H. Güstrow

2 Neben der bayerischen Weißwurst, den Kasseler Märchenerzähler-Brüdern Grimm, der Dresdner Frauenkirche und dem Backpulver von Dr. Oetker aus Bielefeld fand

auch eine Warnemünder Erfindung ihren Ehrenplatz in dem Buch „Das Beste aus Deutschland". Was Herausgeber Florian Langenscheidt zu den 250 Gründen zählt, „unser Land heute zu lieben", hat mit frischer Brise, Sonnenschein, Sand und Ostseeküste zu tun und gilt als der Deutschen liebstes „Strandgewächs". Im Jahre 1882 wandte sich die von Rheuma geplagte, aber unverdrossene Strandbesucherin Friederike Malzahn Hilfe suchend an den Warnemünder Handwerker Wilhelm Bartelmann: „Können Sie mir was bauen, das mich vor dem Wind schützt?" Der findige Bartelmann hatte eine Idee, die am Strand von Warnemünde schnell Furore machte. Heute aalen sich an deutschen Badestränden in 70 000 dieser Prachtexemplare sonnenhungrige Urlauber. Pech für den ehrbaren Erfinder, dass er seine Idee nicht patentieren ließ. Welche?

A. Sonnensegel

B. Badekarren

R. Strandkorb

3 Ganze 20 000 Taler ließ Herzog Friedrich Franz I. im Sommer 1793 nach einem erfrischenden Bad in der Ostsee springen, damit am „Heiligen Damm" bei Bad Doberan (aus dem slawischen dober = gut und an = Platz oder Ort) Leben in den leeren Küstenstreifen kam: die Geburtsstunde von Heiligendamm, dem ersten deutschen Seebad. Die „Weiße Stadt am Meer" galt fortan der feinen Gesellschaft als Top-Adresse. Baden war damals allerdings reichlich umständlich. Eine „Badeschaluppe" brachte die Gäste ein Stück aufs Meer hinaus. Achtern wartete man unter einem Segel, am Bug stieg man dann über eine kleine Treppe ins Wasser. Aber, bitte, wohl verhüllt! Für gut betuchte Gäste aus dem In- und Ausland ist die „weiße Stadt" nach ihrer Sanierung auch heute wieder Spitze. Im Sommer 2007, abgeschirmt durch einen hohen Gitterzaun, stieg sie zum Schauplatz eines internationalen Polit-Gipfels auf. Welcher?

K.   EU-Gipfel
I.   G8-Gipfel
P.   Nato-Gipfel

4 Fritz Reuter, der berühmteste Heimatdichter von MV, bemühte den lieben Gott, als er die Schönheiten von Mecklenburg-Vorpommern pries. Der Schöpfer von Himmel und Erde habe bei der Erschaffung des wald- und wasserreichen Landes eine besonders liebevolle Hand gehabt. In der Tat: Sieben Naturparks zwischen dem Mecklenburgischen Elbetal und der Insel Usedom, zwei Biosphärenreservate im Südosten Rügens und am Schaalsee, und vor allem drei Nationalparks (Müritz, Jasmund, Vorpommersche Boddenlandschaft) sind heute die Vorzeige-Visitenkarte des Natur-Paradieses MV, das Millionen Urlauber begeistert. Im Herbst wirbt die Boddenlandschaft mit einer besonderen Attraktion: Dann rasten hier Zehntausende Zugvögel, um sich noch einmal Fett anzufressen für ihren 6000-Kilometer-Marathonflug gen Süden. Mit ihrer Spannweite bis zu zweieinhalb Metern sind die eleganten gefiederten Riesen Europas größte Zugvögel. Name?

Z.   Seeadler
A.   Storch
T.   Grauer Kranich

5 Als Lastesel der Hanse waren sie berühmt: Koggen, bis Ende des 14. Jahrhunderts der bedeutendste Schiffstyp auf Ost- und Nordsee. Bis hinauf in den Finnischen Meerbusen, in die norwegische Küstenstadt Bergen und ins belgische Antwerpen schleppten sie ihre schwere Fracht und mehrten den Reichtum der in der Hanse verbündeten Handelsherren. Damals wie heute galt die Devise: Mit wenig Aufwand, also kleiner Crew, einem billigen Transportmittel viel Ware an den Mann zu bringen. Koggen waren seetüchtige, aus Holz gebaute Schiffe: 23 Meter lang, 7,6 Meter breit (Maße eines vor Bremen gefundenen Wracks). Die vor der Insel Poel angespülten Koggen-Überreste gelten mit 31 Meter Länge, 8,5 Meter Breite und 200 Tonnen Ladekapazität als größtes Hanse-Frachtschiff des Mittelalters. Bei frischer Brise schafften die Koggen vier bis sechs Knoten (7 bis 11 km/h) und kamen damit schneller und vor allem sicherer ans Ziel als Pferdegespanne auf den gefährdeten Landwegen. Wie viele große Segel (Rahsegel) setzten sie?

Z. Eins
V. Zwei
W. Drei

6 Unter den 16 deutschen Landeshauptstädten ist Schwerin die kleinste. Nicht mal mehr Großstadt, nachdem sie unter die 100 000-Einwohner-Grenze rutschte. Dennoch muss sie sich nicht als Aschenputtel verstecken: Viel Natur, umgeben von sieben Seen. Viel Kultur, eigenes Staatstheater, das auch bei den verwöhnten Hamburgern beliebt ist. Viel Geschichte. Schwerins attraktivstes Kapital ist das auf einer Insel gelegene Schloss. Ein üppiger Prachtbau, der so viele Türme haben soll wie das Jahr Tage. Pate stand das französische Renaissance-

Schloss Chambord (800 Türme) an der Loire. Glück für das industriearme Schwerin, dass nach der Wende die frisch gewählten Landespolitiker der traditionsreichen Verwaltungsstadt – seit 1358 Residenz der Mecklenburgischen Herzöge – den Vorzug vor der dynamischen Küstenstadt Rostock (200 000 Einwohner) gaben. Im Schloss ist auch heute wieder Politik angesagt. Wer hat hier seinen Sitz?

S.   Der Ministerpräsident
R.   Der Landtag
T.   Die Landesministerien

7 Als Wallenstein, größter Feldherr des Dreißigjährigen Krieges (1618 – 1648), in Güstrow residierte, stand zwar schon der heute 780 Jahre alt Dom. Doch der wurde erst später zum Anziehungspunkt für Zehntausende von Touristen und Kunstliebhabern, nachdem der expressionistische Bildhauer und Grafiker Ernst Barlach (1870 – 1938) in der mecklenburgischen Kleinstadt seine künstlerische Heimat gefunden hatte. Von den Nazis als „entartet" verfemt, von der internationalen Kunstwelt gefeiert. Drei Jahrzehnte hat er in Güstrow gelebt, das sich heute stolz mit dem Namen Barlach-Stadt schmückt und sein Werk in einem großzügigen Museum neben dem Atelier des Künstlers am Heidberg und in der gotischen Gertrudenkapelle liebevoll pflegt. Als Helmut Schmidt, damals Bundeskanzler, 1981 nach einem Treffen mit DDR-Staatschef Erich Honecker im Dom zu Güstrow Barlachs bekannteste Plastik besichtigen wollte, baute die Stasi für den prominenten West-Gast einen aufwändigen „Türken": Stasi-Leute spielten eisig schweigende Bevölkerung, während die echte ausgesperrt war. Wen wollte der Kanzler sehen?

E. Den Schwebenden Engel

H. Den Klosterschüler

G. Den Wanderer im Wind

8 Rügen, Deutschlands größte Insel, ist nach der Wiedervereinigung und gründlicher Sanierung ein As im Fremdenverkehr des Landes. Rügen ist in, nicht mehr Sylt. Ein wunderschönes Stück Land mit 574 Kilometer Küste. Mit einem Nationalpark, Jasmund, dem kleinsten Deutschlands. Alleen, die sich wie Dome über Kopfsteinpflaster wölben. Die Deutsche Alleenstraße, die am Bodensee mündet, beginnt hier. Binz bezaubert mit seiner herausgeputzten Bäderarchitektur aus dem 19. Jahrhundert. Immer schon haben Rügen und das vorgelagerte schmale Eiland Hiddensee, „dat söte Länneken", Künstler angelockt, Dichter, Bildhauer, Maler. Rügens meist besuchter Ort ist der Königsstuhl. Weltweit bekannt gemacht hat die Kreidefelsen der 1774 in Greifswald geborene bedeutendste Meister der romantischen Malerei. Drei Leute blicken auf die schillernde Ostsee, zu ihren Füßen stürzen weiße Klippen ins Meer – „Kreidefelsen auf Rügen" heißt das berühmte Bild. Der Name des Malers?

U. Caspar David Friedrich

V. Philipp Otto Runge

W. Lyonel Feininger

9 Die cleveren Rostocker, seit Ende des 13. Jahrhunderts Mitglieder des Kaufmann-Bündnisses Hanse, erkannten schnell: Ohne freien Zugang zum Meer kein freier Handel. Also lockten sie die armen Fischer des Küstendorfes Warnemünde, Bürger der aufstrebenden Hansestadt zu werden. Die sagten 1323 endlich ja zum Anschluss, fühlten sich aber schnell verschaukelt, weil für sie vom Rostocker Wohlstand nicht allzu viel abfiel. Das änderte sich erst im späten 19. Jahrhundert, als die Menschen aus nah und fern die Badefreuden an der Ostsee vor Warnemünde entdeckten. Seither blüht im Seebad der Tourismus, und die heute im Sommer täglich anlandenden Luxusliner und Fähren mit Gästen aus aller Welt sorgen für internationales Flair. Wie heißt die bis zu 3000 Meter breite Mündung der 155 Kilometer langen Warnow (aus dem Slawischen, bedeutet Krähenfluss), der Warnemünde seinen Namen verdankt?

A. Warnow-Delta
T. Breitling
B. Warnow-Trichter

10 Schon als Kind hat Heinrich Schliemann (1822 – 1890) im heimischen Ankershagen am heutigen Müritz-Nationalpark davon geträumt, die antike Stadt Troja auszugraben. Als weitgereister Unternehmer wurde er vor allem durch Geschäfte in Russland und Amerika reich und erfüllte sich, inzwischen 46-jährig, seinen Traum und folgte Homers Spuren. Den Durchbruch zum Ruhm als Entdecker Trojas schaffte er 1873, als er den Schatz des Priamos fand. Im Pfarrhaus von Ankershagen, Schliemanns Elternhaus und heute Museum, sind im Original Keramikgefäße und Bronzefunde aus Troja, Nachbildungen aus dem Schatz des Priamos und Goldfunde aus Mykene zu sehen. Vor dem Museum wirbt ein zehn Meter langes und sechs Meter hohes hölzernes Pferd für den großen Sohn des kleinen Dorfes. Aber nicht Krieger entsteigen dem Innern, sondern Kinder erfreuen sich an dem zur Rutschbahn umfunktionierten Trojanischen Pferd. Welches europäische Land feiert heute noch den Mecklenburger Schliemann, der in Athen seine letzte Ruhestätte fand, als einen leidenschaftlichen Archäologen, der ihm tausend Jahre seiner Geschichte geschenkt hat?

P. Ägypten
E. Griechenland
R. Türkei

11 Lang ist es her, doch unvergessen: Das Elbe-Dorf Rüterberg an der ehemaligen „Staatsgrenze West" im äußersten Südwesten der DDR, wurde von den Grenzsicherungs-Perfektionisten Ost besonders schikaniert: Am Elbdeich ein Metallgitterzaun, der den Blick auf den Strom verwehrte. Ein zweiter Zaun trennte das Dorf vom Hinterland. Ohne Passierschein durfte niemand rein noch raus. Wer abends zu spät kam, musste vorm Zaun übernachten. Am 8. November 1989, einen Tag vor dem Berliner Mauerfall, platzte den eingesperrten Dörflern der Kragen. Nach Schweizer Vorbild gründeten sie ihre „Dorfrepublik Rüterberg" und verlangten ab sofort freien Zu- und Ausgang. Zwei Tage später öffnete sich endlich das Gefängnis – nach 28 Jahren! Den Ehrentitel „Dorfrepublik" dürfen die Rüterberger mit Erlaubnis der Schweriner Landesregierung noch heute führen, als „Denkmal gegen die Unmenschlichkeit". Damit nicht vergessen wird, was Deutsche West und Deutsche Ost jahrzehntelang trennte und am 3. Oktober 1990 mit der staatlichen Wiedervereinigung endete, trägt die Straße im früheren Grenzgebiet einen besonderen Namen. Welchen?

R. Erlebnisstraße der deutschen Einheit

X. Straße deutschen Schicksals

C. Straße des 3. Oktober

Das Lösungswort:

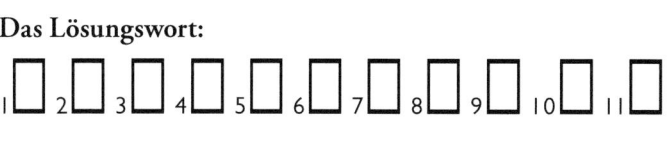

Die fettgedruckten Buchstaben vor den jeweils richtigen Antworten in der Reihenfolge 1 – 11 ergeben das Lösungswort: Der Name eines Mundart-Dichters, der den Menschen in Mecklenburg-Vorpommern besonders am Herzen liegt. Sein Name steht auf vielen Straßenschildern im Land. Übrigens: Nur ein paar Kilometer von der „Dorfrepublik Rüterberg" entfernt hat er im Elbe-Städtchen Dömitz in der alten Backstein-Festung – Deutschlands einzig erhaltener im Flachland – 1839 und 1840 eine Haftstrafe absitzen müssen.

Infos

Mecklenburg-Vorpommern, auch liebevoll Meck-pomm genannt, ist mit knapp 1,6 Millionen Einwohnern das am dünnsten besiedelte Bundesland (69 Menschen je Quadratkilometer). Ein Land mit nur einer Großstadt (Rostock). Ein Land mit vier Inseln (Rügen, Usedom, Poel, Hiddensee) und der Halbinsel Fischland-Darß-Zingst. Ein Land mit 2000 Seen, der größte die Müritz. Ein wunderschönes Land, von Touristen begehrtes Ziel. Aber auch ein armes Land: hohe Arbeitslosigkeit, wenig Industrie. In den hochmodernen Werften an der Küste arbeitet nur noch ein Bruchteil der hier in der DDR Beschäftigten.

Die Hälfte der Landesfläche ist Bauernland: große Felder, jeder zweite Betrieb verfügt über mehr als tausend Hektar – heute ein wirtschaftlicher Vorteil. Durch die Autobahn A 20, der wichtigsten Verkehrsader im Nordosten Deutschlands, seit dem Winter 2005 an Lübeck und Stettin angeschlossen: wichtig für neue Industrie-Ansiedlungen. Übrigens: Mecklenburg hat nichts mit meckern zu tun, spricht sich mit gedehntem „e", also Meeklenburg.

Kiel

Schleswig-
Holstein

Mecklenburg-
Vorpommern

Schwerin

Bremen

Hamburg

Niedersachsen

Berlin

Hannover

Magdeburg

Potsdam

Brandenburg

Nordrhein-
Westfalen

Düsseldorf

Sachsen-
Anhalt

Bonn

Hessen

Erfurt

Sachsen

Dresden

Thüringen

Rheinland
Pfalz

Wiesbaden

Mainz

Saarbrücken

Saarland

Stuttgart

Bayern

Baden-
Würtemberg

München

NIEDERSACHSEN:
Von null auf tausend Meter

1 „Ach, was muss man oft von bösen Kindern hören oder lesen!! Wie zum Beispiel hier von diesen, welche Max und Moritz hießen." Die Bildergeschichten der beiden Rotzjungen machten Wilhelm Busch, am 15. April 1832 in dem niedersächsischen Örtchen Wiedensahl geboren, weltberühmt. Der Urvater des Comicstrips diente später sogar Walt Disney als Vorbild. Viel Geld hat der wohl beliebteste deutsche Zeichner mit seiner makabren Komik nicht verdient, gerade mal 1700 Goldmark. Ein Vermögen scheffelte dagegen sein Verleger… Die Böse-Buben-Streiche sind heute noch so populär wie im Jahr ihres Erscheinens, 1865: Der Witwe Bolte klauen Max und Moritz die Hühner. Schneider Böck lassen sie ins Wasser plumpsen. Lehrer Lämpel stopfen sie Pulver in den Pfeifenkopf, der mit gewaltigem Knall explodiert – aber, kein Busch ohne Moral, am Ende ereilt auch sie das Schicksal. Wo?

M. In Meister Müllers Mühle

K. In Witwe Boltes Kamin

Q. In Meister Bäckers Backofen

2 Es ist ja nicht nur der Grünkohl mit Pinkel, einer sehr fetthaltigen Wurst, den Niedersachsens Küche als Spezialität anbietet. Oder der Spargel, das „weiße Gold", das entlang der 750 Kilometer langen Spargelstraße wächst. Immer mehr „in" ist auch ein Winzling, gerade mal mittelfingerlang, der nur im Frühling Saison in den Restaurants an der Oberelbe hat. Der lachsartige Mini-Fisch, einst ein Arme-Leute-Essen, erobert inzwischen selbst die feinen Lokale. Ab Januar schwimmt er in großen Schwärmen in die Elbmündung, um zum Laichen den Fluss hinaufzuziehen. Im März/April leert Elbfischer Wilhelm Grube aus dem Dorf Hoopte dann seine Reusen im Akkord, um die große Nachfrage zu befriedigen. Klassisch zubereitet schmeckt das Fischchen immer noch am besten: In Roggenmehl gewälzt, in Öl und Speck gebraten und „satt" serviert mit warmem Kartoffelsalat. Den Namen des Kleinen hört man gelegentlich auch als Schimpfwort für Menschen, die das Gardemaß verfehlten.

U. Stint
O. Sprotte
A. Stichling

3 Von null auf über tausend Meter, von der flachen friesischen Küste bis hinauf ins nördlichste deutsche Mittelgebirge, den Harz: Niedersachsen ist ein Land voller landschaftlicher Gegensätze. Im Harz ließ Altmeister Goethe die wilden Hexen in der Walpurgisnacht tanzen – heute kann man hundert Kilometer über den Hexenstieg wandern. Der Abbau von Silber, tausend Jahre lang bis 1988, brachte den Harz-Gemeinden Wohlstand. Der Rammelsberg in Goslar, eines der weltweit bedeutendsten Montan-Museen, wurde von der UNESCO zum Welterbe ernannt. Während der Teilung Deutschlands trennte die heutigen Nationalparks Harz und Hochharz eine unüberwindbare Grenze: Erdbunker, Minen, drei bis vier Meter hohe Zäune. Signal- und Hundelaufanlagen. Der Brocken, mit 1142 Meter der höchste Berg, unerreichbar. Seit Ende 1989 erfreuen sich wieder alle Deutschen an den Schönheiten des ganzen Harzes. Über wie viele Bundesländer erstreckt sich das Mittelgebirge im Herzen unseres wieder-vereinten Landes?

O. eins

P. zwei

E. drei

4 Wie an einer Perlenkette aufgereiht liegen wenige Kilo-meter vor der südlichen Nordseeküste die sieben Ostfrie-sischen Inseln im Nationalpark Niedersächsisches Wattenmeer, so groß wie 280 000 Fußballfelder: Bei Ebbe ist er die einzige Region weltweit, in der man auf dem Meeresgrund spazieren gehen kann. Borkum, Juist, Norderney, Baltrum, Langeoog, Spiekeroog, Wangerooge: Urlaubsparadiese mit weißen, brei-ten Sandstränden und mehr Sonne als auf dem Festland. Alle wandern seit Jahrhunderten ostwärts, wachsen durch ange-schwemmten Sand. Die zweite von rechts, Spiekeroog zum Beispiel, war 1860 noch sechs Kilometer lang, heute sind es zehn Kilometer. Eine Insel, die Autos aussperrt und im Orts-kern das Radfahren verbietet. Da ist man auf dem größten der sieben Eilande großzügiger, wo Busse fahren und eine Schmal-spurbahn und bis vor ein paar Jahren Deutschlands erster elek-trischer Leuchtturm aufs Meer hinausstrahlte. Der Name der westlichsten Ostfriesischen Insel, der ersten von links?

N. Borkum

H. Juist

K. Norderney

5 Nicht auf Sand, auf Salz gebaut hat Lüneburg, die über tausend Jahre alte Stadt, die der Lüneburger Heide ihren

Namen gab: Westeuropas größte zusammenhängende Heide-
fläche, die unter Naturschutz steht. Sie liegt im Nordosten des
Landes, inmitten des Städtedreiecks Hannover, Bremen und
Hamburg. Einmal im Jahr, im August/September, entfaltet sie
zwischen Birken und Wacholder (Juniperus communis) ihre
volle Pracht: Dann verwandelt sich die grüne Heide, die Hermann Löns besang, in einen rosa-violetten Blütenteppich. Und
die Heidjer feiern ihre Feste mit Umzügen und Heidekönigin.
Wer Stille sucht, trifft rund um den Wilseder Berg, mit 169
Meter die höchste Erhebung der Heide, auch große Herden
jener genügsamen Tiere, die die Flächen abweiden, damit sie
nicht mit Bäumen zuwachsen. Wie heißen die für die Heide
typischen Schafe?

    C.   Heidschnucken

    B.   Dickhorn-Schafe

    D. Merino-Schafe

6 Nach dem Aufsehen erregenden „Caroline-Urteil" des
Europäischen Gerichtshofes für Menschenrechte (2004)
ist es stiller geworden um Niedersachsens berühmteste „Neu-
bürgerin": Caroline von Monaco, die 1999 Ernst August Prinz
von Hannover ehelichte und sich seither „Ihre Königliche
Hoheit Caroline Prinzessin von Hannover" nennen darf. Die
Richter stoppten die Paparazzis, die der Grace-Kelly-Tochter
auf Schritt und Tritt nachspürten und verboten Privatfotos
der Prinzessin und ihrer Kinder. Durch ihre Heirat wurde die
schöne Monegassin Mitglied des ältesten Fürstenhauses Europas. Heinrich der Löwe, der nach der Legende einem Löwen
das Leben rettete, hat es gegründet. Die Geschichte der Dy-
nastie ist seit dem 12. Jahrhundert deutsche und europäische

Geschichte. Oberhaupt der Familie ist heute Carolines Ehemann Ernst August. Wie heißt das Adelsgeschlecht, das über fünf Generationen auch Großbritannien und Irland regierte?

J. Habsburger

K. Hohenzollern

H. Welfen

7 Dass die Werbeformel „Geiz ist geil" nicht immer funktionieren muss, zeigt die bekannteste deutsche Sage vom Rattenfänger von Hameln, die, in 30 Sprachen übersetzt, schätzungsweise eine Milliarde Menschen kennen und in USA und Japan zum Unterrichtsstoff in Schulen gehört. Die kniepigen Bürger verweigerten dem Mann mit der Flöte den versprochenen Lohn, nachdem er sie von Ratten und Mäusen befreit und im nahen Fluss „entsorgt" hatte. Der rächte sich, kam als Jäger verkleidet zurück und lockte, während alle Erwachsenen in der Kirche waren, mit seinem Flötenspiel 130 Kinder an und zog mit ihnen zum Stadttor hinaus – auf Nimmerwiedersehen. Vor einem der schönsten Bauten der Stadt, dem Hochzeitshaus, wird immer sonntags von Mai bis September mit einem Freilichtspiel des Spektakels gedacht. Welcher der drei Flüsse – Elbe, Weser, Ems –, die durch Niedersachsen fließen, wurde für die lästigen Nager in der Rattenfänger-Sage zur Endstation?

H. Weser

B. Ems

C. Elbe

8 Schon Heinrich Heine schwärmte von Hannover: „Mein Gott! Da sieht es sauber aus!" Aber die Landeshauptstadt (seit Gründung des Bundeslandes Niedersachsen 1946) ist mehr als ein „weißer Riese". Viel Geschichte, die am Bahnhofsvorplatz anfängt, wo sich unterm Schwanz des Reiterstandbildes von König Ernst August noch heute Hannoveraner gern zu einem „Date" treffen. Von dort führt ein dicker roter Strich über 4,2 Kilometer zu den bedeutendsten Sehenswürdigkeiten und historischen Plätzen der Leine-Stadt. Norddeutschlands drittgrößte Stadt – nach Hamburg und Bremen – wirbt auch mit anderen Superlativen. Im Juli feiern 5000 Schützen ihr Fest; zwölf Kilometer lang ist der Festumzug mit 120 Musikkapellen und 70 Festwagen: der größte der Welt. Auch als Messeplatz schmückt sich Hannover mit dem Superlativ „weltweit führend". Unvergessen die Weltausstellung „Expo 2000". Eine Million Besucher locken jährlich im Frühjahr die wichtigsten Messen an. Kein Wunder, dass auch die weltgrößte Computermesse Hannover als Stammplatz wählte: Der Philosoph Gottfried Wilhelm Leibniz, der im 17. Jahrhundert in der Stadt lehrte, erfand hier die erste brauchbare Rechenmaschine und die mathematischen Grundlagen, auf denen die heutige Computertechnik aufbaute. Der Name der Computermesse?

A. CeBit

X. Agritechnica

Y. Hannover Messe

9 Friedland – nach dem zweiten Weltkrieg Drehscheibe für Millionen Schicksale. Im südlichsten Zipfel Niedersachsens, nahe dem Drei-Bundesländer-Eck mit Hessen und Thüringen, 1945 Schnittstelle der britischen, amerikanischen und sowjetischen Besatzungszonen, wurde das von den Engländern errichtete Auffanglager für Flüchtlinge und Vertriebene aus dem Osten zum ersehnten ersten Schritt in die Freiheit. Danach rollten Sonderzüge aus Russland in den alten Bahnhof, der inzwischen erneuert ist: mit Heimkehrern aus sowjetischer Kriegsgefangenschaft, die Konrad Adenauer, der erste Kanzler der Bundesrepublik, nach zähen Verhandlungen in Moskau heimholte. Heute erinnert eine Gedächtnisstätte an das Lager, das deutsche Geschichte schrieb. Für Spätaussiedler aus dem Osten ist Friedland auch jetzt noch erste Anlaufstelle. Welchen Namen gaben die Heimkehrer dem Durchgangslager Friedland?

T.   Tor der Hoffnung
U.   Tor zur Freiheit
V.   Tor des Friedens

10 Göttingen im Tal der Leine ist eine der traditionsreichsten deutschen Universitätsstädte. Stolz sprechen die Stadtväter vom „Göttinger Nobelpreis-Wunder". 44 Nobelpreisträger haben an der ehrwürdigen Georg-August-Universität (1734 gegründet von Kurfürst Georg August von Hannover) studiert oder gelehrt: Max Planck, Begründer der Quantentheorie, der Physiker Werner Heisenberg, der Chemiker Otto Hahn und Robert Koch, der die moderne Bakteriologie begründete. Die „Göttinger Sieben", sieben Professoren, darunter die Brüder Grimm, gelten als Vorreiter des deutschen Liberalismus. Der erste Reichskanzler des deutschen Kaiserreiches, Otto von Bismarck, musste wegen verbotenen Duellierens 18 Tage im Karzer der Uni „abbrummen". Der war schon abgeschafft, als in Göttingen ein junger Mann Geschichte und Rechtswissenschaft studierte, der später, von 1984 bis 1994, in einer entscheidenden Epoche deutscher Geschichte als Bundespräsident das freie Deutschland repräsentierte. Sein Name?

S.   Richard von Weizsäcker

F.   Heinrich Lübke

G.   Horst Köhler

11 Die „Ossi"-Witze ihrer westdeutschen Landsleute haben sie jahrelang gelassen ertragen, die Ostfriesen im äußersten Nordwesten Niedersachsens. Natürlich kennen sie nicht nur einen, der lesen und schreiben kann. Das können sie schon selbst. Und mehr. Vor allem Schiffe bauen. Zum Beispiel in Papenburg an der Ems, der Wiege vieler Traumschiffe. Wo in der traditionsreichen Meyer-Werft Kreuzfahrtschiffe der Luxusklasse entstehen. Wie die von der Rostocker Reederei AIDA Cruises georderte AIDADiva, ein 252 Meter langer Riese mit über 1000 Kabinen, der im Hamburger Hafen mit einer spektakulären Laser- und Feuerwerksshow getauft wurde. Während die Rostocker sich mit solchen Maßen bescheiden, lassen die Amis (US-Konzern Disney) auf der Meyer-Werft zwei Kreuzfahrtschiffe bauen, die mit der berühmten neuen „Queen Mary 2" konkurrieren und die AIDADiva noch um ein gutes Drittel überragen wollen. Wie lang sind die beiden Luxusliner, die größten, die in Papenburg je vom Stapel laufen werden?

E.   340 Meter

Z.   400 Meter

Y.   500 Meter

12 „Das erste Auto im Leben vergisst man ebenso wenig wie die erste Frau", sagt der englische Rennfahrer Sterling Moss. Was für den Ostler der Trabi (Produktion bis 1990 drei Millionen Stück), war für den Westler der Volkswagen.

54

Für den wurde sogar eine eigene Stadt gebaut: Wolfsburg. 1938 noch zwei Dörfer, heute eine Auto-Metropole mit über 120.000 Einwohnern. „...und läuft und läuft und läuft", warben die Wolfsburger: Exakt 21.529.464 Volkswagen liefen vom Band, ehe VW 2003 die Produktion einstellte. Vor knapp 70 Jahren, als die ersten Modelle auf den Markt kamen, nannte eine Zeitung aus dem Land der opulenten Straßenkreuzer, die „New York Times", das genügsame und robuste Automobil spöttisch „Beetle" – der machte mit der deutschen Übersetzung weltweit eine sagenhafte Karriere und wurde zum Symbol des Wirtschaftswunders in Westdeutschland.

A. Buckel-Porsche
N. Käfer
B. KdF-Kutsche

Das Lösungswort:

1	2	3	4	5	6	7	8	9	10	11	12

Die fettgedruckten Buchstaben vor den jeweils richtigen Antworten in der Reihenfolge 1 – 12 ergeben das Lösungswort: Der Name des Erzählers haarsträubender Abenteuer, den der Schauspieler Hans Albers in einem Erfolgsfilm verkörperte. In seiner Heimatstadt Bodenwerder im Weserbergland ist der „Lügenbaron", dessen tollstes Märchen der Ritt auf einer Kanonenkugel war, noch heute die attraktivste Zugnummer für den Tourismus. Ein Brunnen in der malerischen Fußgängerzone erinnert an den fantasiebegabten Freiherrn.

Infos

Nach Bayern ist Niedersachsen flächenmäßig das zweitgrößte Bundesland. Es entstand 1946 aus den preußischen Provinzen Hannover, Oldenburg, Braunschweig und Schaumburg-Lippe. Umringt wird es von neun Nachbarn: den Stadtstaaten Hamburg und Bremen, den Bundesländern Mecklenburg-Vorpommern, Brandenburg, Sachsen-Anhalt, Thüringen, Hessen, Nordrhein-Westfalen und Schleswig-Holstein. In den ersten Nachkriegsjahren musste das Acht-Millionen-Einwohner-Land gewaltige Flüchtlingsströme aus dem Osten verkraften – fast jeder dritte Neubürger war Flüchtling oder Vertriebener. Niedersachsen ist nach wie vor Agrarland Nummer eins im bundesweiten Vergleich, die Bauern und Fischer produzieren mehr als die ostdeutschen Bundesländer zusammen. Jedes dritte in Deutschland verzehrte Ei kommt aus Geflügelbetrieben des Landes. Die Industrie ist im Raum Hannover-Braunschweig-Wolfsburg konzentriert, Volkswagen der bedeutendste Arbeitgeber. Das springende weiße Ross im Wappen blickt auf eine Geschichte von 600 Jahren zurück. Schon im Mittelalter schmückten sich die welfischen Herzöge mit dem Sachsenross. Übrigens: Die Niedersachsen sind statistisch die gesündesten Menschen in Deutschland. Der Krankenstand ist niedriger als in allen übrigen Bundesländern.

Kiel

Schleswig-
Holstein

Mecklenburg-
Vorpommern

Schwerin

Bremen

Hamburg

Niedersachsen

Berlin

Hannover

Magdeburg

Potsdam

Brandenburg

Nordrhein-
Westfalen

Düsseldorf

Sachsen-
Anhalt

Bonn

Erfurt

Sachsen

Hessen

Dresden

Thüringen

Rheinland
Pfalz

Wiesbaden

Mainz

Saarbrücken

Saarland

Stuttgart

Bayern

Baden-
Würtemberg

München

BREMEN:
Welterbe und Weltraum

Bremens berühmteste Mahlzeit ist die jährliche Schaffermahlzeit. Mit „schaffen" hat das nichts zu tun, sondern mit dem Kommando der Bremer Schiffsköche, mit denen sie früher die Besatzungen zu Tisch riefen: „Schaffen, schaffen unnen un boven – unnen un boven schaffen" (Essen fassen, auf Deck, unter Deck, Essen fassen). Das älteste Festmahl der Welt, 1545 zum ersten Mal gefeiert als Auftakt für das Auslaufen der im Winter festliegenden Schiffe. Heute Schwerstarbeit für 300 Teilnehmer, davon hundert aus Politik, Wirtschaft, Kultur, denn die Teller sind prall gefüllt: Bremer Hühnersuppe, Stockfisch, Kohl und Pinkel mit Maronen, Kalbsbraten mit gedämpften Äpfeln, Katharinenpflaumen und Selleriesalat, Rigaer Butt, Zunge, Wurst, Käse und Sardellen, Fruchtkorb, Kaffee. Sechs Gänge und nur eine Garnitur Besteck, die zwischen den Speisen mit Löschpapier abgewischt wird. Geraucht wird aus Tonpfeifen. 462 Jahre lang war die Schaffermahlzeit, deren Zweck die finanzielle Unterstützung altgedienter Seefahrer ist, reine Männersache – nur 2007 machten die Frackträger (Gäste weiße Fliege, Mitglieder schwarze) eine Ausnahme und luden erstmals in ihrer Geschichte eine Frau ein. Von wem wohl versprachen sich die Bremer Schifffahrts- und Kaufleute Nutzen für ihre Stadt?

M.   Heide Simonis
L.   Alice Schwarzer
B.   Angela Merkel

2 Genau genommen sind sie gar nicht bis in die Freie Hansestadt gekommen, die vier ungleichen „Stadtmusikanten", die gen Bremen aufbrachen, als sie wegen Altersschwäche von ihren Besitzern vertrieben worden waren und sterben sollten. Weil sie aber glaubten, „etwas Besseres als den Tod findest du überall", setzten sie ihre Hoffnung auf die Bremer Musikanten-Szene. Doch unterwegs fanden sie in einem Waldhaus ein Dauer-Domizil, nachdem sie eine Räuberbande mit ihrer „Musik" und letzter Körperkraft verjagt hatten. Den Bremern, die ein Herz für die Schwachen haben, die sich gegen die Starken solidarisieren, gefiel die Geschichte so gut, dass sie Esel (Laute), Hund (Pauke), Katze (Nachtmusik) und Hahn (Gesang) einbürgerten und ihnen neben ihrem schönen Rathaus im Herzen der Altstadt ein zwei Meter hohes bronzenes Denkmal setzten. Weil viele Besucher glauben, dass sich ihr sehnlichster Wunsch erfüllt, wenn sie die Vorderbeine des Esels streicheln, glänzt er an dieser Stelle besonders hell. Wem verdanken wir das Märchen von den Bremer „Stadtmusikanten", die zu einem Wahrzeichen der Stadt an der Weser wurden?

R. Den Brüdern Grimm

B. Hans Christian Andersen

T. Wilhelm Hauff

3 Raumschiffe statt Schiffe: Als in Bremen der traditionelle Schiffsbau in die Krise rutschte, stellte die Hansestadt mutig auf Hightech für die Raumfahrt um. Die Oberstufen für die „Ariane"-Raketen werden hier gebaut, auch das Weltraumlabor „Columbus" für die Internationale Raumstation ISS trägt das Markenzeichen made in Bremen. 2008 flog

das Frachtraumschiff „Jules Verne", gebaut vom Unternehmen Astrium, vom französischen Weltraumbahnhof Kourou (Französisch-Guayana) zur ISS, die mit 29 000 Stundenkilometern oder in 90 Minuten einmal unsere Erde umrundet. „Jules Verne", zehn Meter lang mit einem Durchmesser von 4,5 Meter, versorgte die ISS-Mannschaft mit Sauerstoff, Treibstoff, Wasser, wissenschaftlicher Ausrüstung, aber auch mit Nahrungsmitteln und Bekleidung. Am Ende der Mission, nach sechs Monaten, wurde der Frachttransporter als Müllcontainer zur Erde zurückgeschickt, in der Erdatmosphäre verglühte er. Über soviel technischen Fortschritt würden selbst die Pioniere der Raumfahrt staunen. Wer war der erste Astronaut, der im All die Erde umkreiste?

D.   Neil Armstrong

K.   Sigmund Jähn

A.   Juri Gagarin

4 Schon seit mehr als hundert Jahren begleiten die Bremer Tiefen und Höhen des SV Werder Bremen. Er wurde von zwei 16-jährigen Schülern 1899 gegründet, die bei einem Tauzieh-Wettbewerb einen Fußball gewonnen hatten und damit am Stadtwerder zum ersten Mal das Runde ins Eckige schossen. In der Bundesliga, in der Werder von Anfang an – bis auf eine Spielzeit – mitkickt, gehören die Bremer vor allem in den letzten Jahren zu den erfolgreichsten Mannschaften: viermal Deutscher Meister, zuletzt 2004, sechsmal Vize, zuletzt 2006, fünfmal DFB-Pokalsieger. 1991/92 holten sie den Europapokal der Pokalsieger an die Weser. Unvergessen „König Otto" (Rehhagel), der die Mannschaft 14 Jahre lang trainierte und auf die Siegerstraße führte. Unter seiner Regie stieg Rudi Völler zum

Torschützenkönig der Liga auf. Mit welchem Traditions-Trikot laufen die „Werderaner" auf?

U. Grün-weiß
V. Blau
W. Rot

5 Von wegen kühle Hanseaten! Zwischen dem 19. Oktober und 4. November feiern die Bremer und ihre Gäste an 17 Tagen das größte Volksfest im Norden (vier Millionen Besucher). Dann ziehen über 300 Aussteller auf die Bürgerweide und sorgen mit ihren Fahrgeschäften für Spaß und Unterhaltung. Auch auf dem Marktplatz und in den Altstadtstraßen zwischen Rathaus und Liebfrauenkirche geht es hoch her: Es ist Bremens fünfte Jahreszeit, eine Stadt in Party-Laune. Wie im Kölner Karneval gibt es als Höhepunkt einen Umzug mit fantasievoll geschmückten Wagen und Menschen in schillernden Kostümen, die Bonbons und Zuckerstangen in die Menge werfen. Ein Fest mit uralter Tradition: Seit dem Jahr 1035 feiert die Stadt ihre „Marktgerechtigkeit" und pflegt damit Deutschlands längste Volksfest-Tradition. Traditionell ist auch der Name für dieses Oktoberfest der guten Laune.

N. Bremer Freimarkt
P. Bremer Wiesen
Q. Bremer Dom

6 Nach dem Zweiten Weltkrieg sicherten sich die Amerikaner die Enklave Bremen und Bremerhaven innerhalb der britischen Besatzungszone als Nachschubbasis für ihre in Süddeutschland stationierten Truppen. Damit übernahmen sie

einen Hafen, der eine lange Geschichte als weltweit meistbefahrene „Brücke nach Übersee" hat: Zwischen 1830 und 1974 waren beide Städte der Umschlagplatz für sieben Millionen Auswanderer, vor allem aus Osteuropa, die von hier aus in eine neue Welt aufbrachen. Die meisten vertrauten sich den Schiffen des vor 150 Jahren gegründeten Norddeutschen Lloyd an, der zeitweilig größten deutschen Reederei (heute Hapag-Lloyd AG), um den Kontinent ihrer Träume zu erreichen. Das 2005 eröffnete Deutsche Auswanderhaus in Bremerhaven lässt die Geschichten der Heimatsuchenden lebendig werden. In welchem Land vor allem hofften die meisten von ihnen, frei von Zwängen und Armut noch einmal neu starten zu können?

O. Brasilien
P. Chile
K. USA

7 Natürlich schätzen die Bremer, typisch norddeutsch, ihr Bier, zumal sie es in der eigenen Stadt brauen. Aber mehr noch gilt für sie der Wein als ausgesprochen bremische Spezialität. Die Rotweinhändler zählen zu den qualifiziertesten in deutschen Landen. Und was der Ratskeller zu bieten hat, ist Rekord: Deutschlands größte Weinkarte mit mehr als 600 Sorten und Lagen ausschließlich aus deutschen Weinbaugebieten. 1342 wird der Stadtweinkeller in Bremen erstmals urkundlich erwähnt; heute öffnet sich das alte Gewölbe mit seinen riesigen geschnitzten Weinfässern fünfmal im Jahr zu öffentlichen Weinproben. Der Kellermeister hütet 500 000 Flaschen. In der „Schatzkammer" lagern die besten Weine der größten Jahrgänge. Der älteste Fasswein ist ein „Rüdesheimer 1653". Statt Orden, die Bremer weder annehmen noch vergeben, ehren sie

verdiente Persönlichkeiten mit einer Kiste Ratskellerwein – die Annahme des flüssigen Ordens hat noch nie jemand verweigert. Wie heißt der Gott des Weins, der die alten Fässer im Ratskeller ziert?

O. Bacchus
U. Mercurius
A. Amor

8 Das 600 Jahre alte Bremer Rathaus, eines der bedeutendsten gotischen Bauwerke Europas, und der ebenso alte steinerne Roland auf dem Marktplatz gehören seit 2004 zum Weltkulturerbe der Menschheit – ein Adelstitel, mit dem sich Denkmäler in 165 Staaten schmücken dürfen. Voller Überzeugung sagen die Bremer: „Nirgendwo auf der Welt findet sich ein Rathaus, das mit unserem vergleichbar wäre." Rathaus und Roland sind „Zeugnis für bürgerliche Autonomie und Souveränität", begründete die Weltkulturerbe-Kommission ihre Entscheidung. In der Tat ist das Rathaus kein Museum, sondern ein lebendiger Ort, in dem die Bürger seit sechs Jahrhunderten die politischen Geschicke der ältesten Stadtrepublik Europas selbst gestalten. Und keinen Zweifel lassen die Bremer daran aufkommen, dass ihr Roland seit 1404 als Stein gewordenes Symbol für Bürgerstolz und Freiheitssinn über die Unabhängigkeit der Hansestadt wacht. Welche Organisation der Vereinten Nationen (UNO) vergibt den Welterbe-Titel?

G. UNICEF
H. UNESCO
K. IWF

9 Bremerhaven, seit 1948 mit dem 70 Kilometer südlich gelegenen Bremen zum kleinsten deutschen Bundesland vereint, ist eine junge Stadt: 1827 gegründet, als die Weser zu versanden drohte und Bremens Bürgermeister dem Königreich Hannover 87 Hektar Land an der Flussmündung in die Nordsee abkaufte, damit die Hansestadt als Hafenstadt eine Zukunft hat. Heute ist Bremerhaven „Deutschlands größter Parkplatz" als Umschlaghafen für Auto-Exporte nach Übersee und Importe vor allem aus Japan. In Bremerhaven koordiniert das Alfred-Wegener-Institut die deutsche Polarforschung und leistet mit seinen Stationen in Arktis und Antarktis und dem Forschungsschiff „Polarstern" einen wesentlichen Beitrag zur Erforschung des bedrohten Weltklimas. Und für die „Alexander von Humboldt", neben der „Gorch Fock" unser bekanntestes Segelschulschiff und bei der Sail 2007 in Rostock bewunderter Stargast, ist Bremerhaven traditioneller Heimathafen – hier, auf der Weserwerft, war sie vor hundert Jahren als Feuerschiff gebaut worden. Wodurch wurde die Drei-Mast-Bark international berühmt?

    L.   Durch ihre grünen Segel
    N.   Durch braune Segel
    M.   Durch rotweiß-gestreifte Segel

Das Lösungswort:

1 ☐ 2 ☐ 3 ☐ 4 ☐ 5 ☐ 6 ☐ 7 ☐ 8 ☐ 9 ☐

Wenn Sie die fett gedruckten Buchstaben vor den jeweils richtigen Antworten in der Reihenfolge 1 – 9 hintereinander schreiben, haben Sie das Lösungswort: eine Gemüsesorte, die dann richtig schmeckt, wenn sie den ersten Frost abgekriegt hat. In Bremen ist sie mit Pinkel, einer Grützwurst, eine landestypische Spezialität. Gern gegessen wird sie auch in anderen norddeutschen Regionen, nur ist sie dort unter einem anderen Namen bekannt.

Infos

Ein kurioses Gebilde, dieses kleinste Bundesland: ein Stadtstaat, der aus zwei Großstädten besteht, die durch niedersächsisches Gebiet getrennt sind. Zusammen haben Bremen und das eine gute halbe Autobahn-Stunde entfernte Bremerhaven 664 000 Einwohner. Die wollen auf keinen Fall vom größeren Niedersachsen „geschluckt" werden und beharren trotz hoher Verschuldung (pro Einwohner sind es über 38 000 €) auf Eigenständigkeit. Genauso wie die Gemeinden im „Speckgürtel", um die sich die Hansestadt gern vergrößern würde. Die Seestadt, die durch Seefahrt groß und reich wurde, ist mit dem zweitgrößten deutschen Seehafen (nach Hamburg) Deutschlands Außenhandelsstandort Nummer zwei: Fisch, Fleisch, Tee, Baumwolle, Reis, Tabak und vor allem Kaffee und Autos werden hier umgeschlagen. Vom Werften-Standort hat sich die Stadt zum Wissenschafts-Standort entwickelt mit den Schwerpunkten Luft- und Raumfahrt. 2005 wurde sie vom Stifterverband zur „Stadt der Wissenschaft" gewählt. Das Land Bremen hat zwei Universitäten und drei Fachhochschulen. Seit Jahrhunderten halten sich die „Nordlichter" an der Nordsee an ihren Wahlspruch: Buten un binnen, wagen un winnen (draußen und drinnen, wagen und gewinnen).

Kiel
Schleswig-
Holstein

Mecklenburg-
Vorpommern

Bremen

Schwerin

Hamburg

Niedersachsen

Hannover

Magdeburg

Berlin

Potsdam

Branden-
burg

Nordrhein-
Westfalen

Sachsen-
Anhalt

Düsseldorf

Sachsen

Bonn

Erfurt

Dresden

Hessen

Thüringen

Rheinland
Pfalz

Wiesbaden

Mainz

Saarbrücken

Saarland

Stuttgart

Bayern

Baden-
Würtemberg

München

LAND BRANDENBURG:
Steige hoch, du roter Adler

1 Für Potsdam-Touristen ist der Besuch des Rokoko-Schlösschens Sanssouci absolutes Muss. Das war schon Mitte des 18. Jahrhunderts so, als hier ein junger König den Ehrgeiz hatte, die bis dato wenig attraktive Stadt der Soldaten und Kasernen zur repräsentativen Preußen-Metropole zu entwickeln. In Sanssouci (ohne Sorgen) mit seinen ausgedehnten Gärten konnte er so große Geister wie Voltaire, den Kopf der französischen Aufklärung, stilvoll empfangen. Trotz knapper Staatskasse ließ er unweit von Sanssouci die Gemäldegalerie, das Chinesische Haus und vor allem das Neue Palais mit seinen 200 Repräsentations- und Wohnräumen bauen, die zum Glück die Bombenangriffe im Zweiten Weltkrieg überstanden und heute die Attraktion für Gäste aus aller Welt sind. Wie lautet der Titel des Bauherrn, der bei seinem Regierungsantritt 1740 zunächst König „in" Preußen und ab 1772 König „von" Preußen war?

Z.   Friedrich Wilhelm I.
D.   Friedrich II., der Große
W.   Friedrich Wilhelm II.

2 Ein für die Nachkriegsgeschichte Deutschlands entscheidender Vertrag trägt den Namen der Landeshauptstadt Brandenburgs: das Potsdamer Abkommen. Unterzeichnet am 2. August 1945 von US-Präsident Truman, Sowjetdiktator Stalin und Großbritanniens Premier Attlee (Frankreich trat dem Vertrag später bei). Das Abkommen regelte Entnazifizierung und Entwaffnung des Dritten Reiches; Königsberg und das nördliche Ostpreußen kassierten die Sowjets, die deutschen Ostgebiete bis zur Oder-Neiße kamen unter polnische Verwaltung. Über Reparationen aus ihren Besatzungszonen entschieden die vier Siegermächte jeweils selbst: Das war der Beginn der deutschen Teilung. Deutschland sollte jedoch nicht gespalten, sondern durch den Alliierten Kontrollrat gemeinsam regiert werden. Aber der Kalte Krieg zwischen Ost und West zerschnitt das besiegte Land. Wo in Potsdam wurde das schmerzliche Kapitel unserer Geschichte besiegelt?

A.   Im Schloss Charlottenhof
B.   Im Neuen Palais
E.   Im Schloss Cecilienhof

3 In seinem vierbändigen Monumentalwerk „Wanderungen durch die Mark Brandenburg" hinterließ der 1819 in Neuruppin geborene Dichter der Nachwelt ein literarisches Denkmal seiner Heimat. Da meckerte endlich einer nicht über „des Heiligen Römischen Reiches Streusandbüchse", sondern lobte in höchsten Tönen die feinen Herrenhäuser und stillen Schönheiten Brandenburgs. Das gefiel auch Kaiser Wilhelm II., der den Dichter mit einem fürstlichen Honorar aus seinem Geheimfonds belohnte. Der letzte oberste Kriegsherr des 1918 untergegangenen Kaiserreichs muss aber wohl die Story über den Ort Netzeband übersehen haben. Netzeband war eine mecklenburgische Enklave nahe der preußischen Garnisonstadt Neuruppin, wo des Kaisers Soldaten geschliffen wurden. Und so mancher von ihnen desertierte, des brutalen Drills überdrüssig, ins 15 Kilometer entfernte Netzeband. Wer schrieb die „Wanderungen"?

N. Kurt Tucholsky

R. Theodor Fontane

Q. Heinrich Heine

4 Brandenburg – seine Herrscher, seine Dichter, seine Schlösser. Neben Sanssouci ist ein Schloss von gleich zwei berühmten Dichtern besungen worden. Fontane hat es aus dem Dornröschenschlaf erweckt, nachdem es 1740 vom damaligen Kronprinzen Friedrich, der später als „der Große" in die Geschichte einging, verlassen worden war und in Vergessenheit geriet. Und Tucholsky schrieb eine zauberhafte Liebesgeschichte um Claire und Wölfchen, die außer dem Ort des amourösen Geschehens den Untertitel „Ein Bilderbuch für Verliebte" trägt. Wie heißt das Schloss, in dem heute auch das Kurt-Tucholsky-Literaturmuseum untergebracht ist?

A. Rheinsberg

B. Babelsberg

C. Fürstenberg

5 Bis zu zwei Millionen Touristen zieht es jährlich in den Spreewald nordwestlich von Cottbus: ein feingliedriges Gewässernetz von Flussarmen und Kanälen mit insgesamt tausend Kilometer Länge. Lübbenau ist das Herz dieser einzigartigen Landschaft. Viele ihrer Bewohner verdingen sich als charmante Gondoliere, die in ihren flachen Holzkähnen Gäste aus aller Welt durch die Fließe und Kanäle staken. Auch im Alltag sind die Kähne ein wichtiges Verkehrsmittel: für Postboten, Landwirte, Schulkinder – selbst Brautpaare lieben die romantische Bootsfahrt auf dem Weg zum Traualtar. Wichtige Einnahmequelle neben dem Fremdenverkehr ist für die

Spreewälder der Gemüseanbau auf dem fruchtbaren Boden, der in Jahrhunderten dem sumpfigen Waldgebiet abgetrotzt wurde. Wie heißt die durch EU-Recht geschützte herzhafte Spezialität, die nach der Wende auch die westdeutschen Verbrauchermärkte eroberte?

L.   Gurken
M.   Kürbisse
O.   Melonen

6 Sie blicken auf eine lange Geschichte zurück: die slawischen Stämme, die bereits nach der Völkerwanderung im 4. bis 6. Jahrhundert die Gegend um Cottbus, Bautzen und den Spreewald besiedelten. Ihrer Sprache, dem Polnischen und Tschechischen verwandt, sind sie bis heute treu geblieben. Sie ist die Muttersprache für etwa 20.000 Menschen. Die durften sie unter den Nazis, die ihre Organisationen und Vereinigungen verboten, nicht öffentlich sprechen. In der DDR wurden sie wenigstens wieder als Minderheit respektiert, sofern sie sich mit unpolitischer Folklore begnügten. Heute genießen die Nachfahren des westslawischen Volkes den besonderen Schutz der brandenburgischen Landesverfassung. Der Name des Volksstamms?

T.   Sorben
E.   Serben
L.   Askanier

7 In der inoffiziellen Hymne des Bundeslandes Brandenburg („Märkische Heide, märkischer Sand") wird er gefeiert: „Steige hoch, du roter Adler, hoch über Sumpf und

Sand, hoch über dunkle Kiefernwälder, heil dir mein Brandenburger Land". Schon 1170 zierte der märkische Adler das Siegel des Askaniers Otto I. – und mit vielen Änderungen ist er es geblieben. Heute steht das Wappen des Landes auf weißem Grund, rot natürlich wie im Lied, frei schwebend mit ausgebreiteten Schwingen, die Fänge geöffnet. Aber wohin guckt er eigentlich? In dieselbe Richtung wie der Bundesadler, der die Stirnfront des Berliner Bundestags schmückt?

W. Geradeaus
A. Nach links
E. Nach rechts

8 Von wegen „Brille: Fielmann" – was wäre Deutschlands Brillen-König ohne den Pastor Johann Heinrich August Duncker (1767 – 1843) aus einer von Wald und Seen umgebenen Kleinstadt an der Havel? Dunckers Erfindung einer speziellen Schleifmaschine für Brillengläser war so revolutionär wie die Entwicklung mechanischer Webstühle in England. Der Dachboden des Pfarrhauses wurde ab 1801 zur Wiege der optischen Industrie in Deutschland und der geniale Gottesmann zum begehrten Arbeitgeber vor allem junger, Job-suchender Leute. Zu DDR-Zeiten stellten in der Stadt 4000 Menschen Brillen und andere optische Geräte für den gesamten Ostblock her. 20 Betriebe mit 800 Mitarbeitern blieben nach der Wende. Nach wie vor trägt die Kreisstadt nördlich von Brandenburg/ Havel, die auch bekannt ist für die Produktion leuchtend roter Ziegel – u.a. für das Berliner Rote Rathaus –, den Ehrennamen „Stadt der Optik". Ihr Name (bis auf die beiden letzten Buchstaben identisch mit dem 1922 ermordeten Außenminister der Weimarer Republik)?

M. Werder/Havel

F. Rathenow

K. Nauen

9 Längst kein Geheimtipp mehr: die Uckermark, der hohe Norden Brandenburgs. Heide, Moor, Eichen-, Buchen-, Kiefernwälder und überall Seen. Die Schorfheide, Jahrzehnte lang für Wanderer gesperrt, ist heute Biosphären-Reservat und das größte zusammenhängende Waldgebiet Brandenburgs mit reichen Wildbeständen. Hier ließen sich schießwütige Nazi- ebenso wie SED-Bonzen Rot- und Schwarzwild vor die Flinte treiben. In den Heilquellen von Bad Freienwalde kurierte schon der preußische Adel sein Rheuma aus. In der Oderniederung nahe Schwedt fanden Ende des 17. Jahrhunderts wegen ihres Glaubens aus Frankreich verjagte Hugenotten eine neue Heimat, wo sie Tabak pflanzten – Zigarren von der Oder. Die Uckermark ist bevorzugtes Urlaubs-Domizil einer Berliner Top-Politikerin, die als wohlbehütete Pfarrerstochter in Templin aufwuchs und zur Schule ging. Ihr Name?

A. Katrin-Göring Eckardt

C. Antje Vollmer

R. Angela Merkel

10 Dass allzu forsche Deutsche in Österreich als „Piefkes" beschimpft werden, verdanken wir einem strammen Militärmusiker namens Gottfried Piefke. Der stammt aus Frankfurt (Oder) ebenso wie die gelehrten Humboldt-Brüder Alexander und Wilhelm und der Dramatiker Heinrich von Kleist („Der zerbrochene Krug"). Drei Brücken, eine nur für

Fußgänger, führen über den Grenzfluss der alten Hanse- und Universitätsstadt ins polnische Slubice, das bis 1945 ein Stadtteil von Frankfurt war. Brücken bauen nach Osteuropa, darin sieht Frankfurt (Oder) eine wichtige Aufgabe. Als Wegbereiter guter Nachbarschaft ist vor allem die 500 Jahre alte Europa-Universität vorbildlich aktiv, an der junge Deutsche und Polen gemeinsam studieren. Ihre langjährige Präsidentin Gesine Schwan (SPD) kandidierte 2009 erfolglos für das Amt des Bundespräsidenten gegen Horst Köhler (CDU), gegen den sie bereits bei der Wahl 2004 unterlag. Die Uni in der östlichsten deutschen Stadt hat ihr Domizil in einem historischen Gebäude am Fluss. Ihr Name, unter dem sie international bekannt ist (auf Deutsch „die an der Oder gelegene")?

G. Viadukt

I. Viadrina

H. Via Appia

Die zwei Gesichter der Niederlausitz im Südosten Brandenburgs: Gefräßige Großraumbagger, die das „braune Gold" fördern und gewaltige Krater hinterlassen – und riesige Seen wie in Senftenberg, die die Mondlandschaften zudecken und die Region für den Tourismus fit machen. 500 Orte hat der Braunkohleabbau schon geschluckt. Bis heute müssen Menschen dem Bergbau weichen, der immer noch ihr wichtigster Wirtschaftszweig ist. Zu DDR-Zeiten war Cottbus Hauptstadt des „Energiebezirks", der 75 Prozent des ostdeutschen Stroms erzeugte. Heute blickt Brandenburgs zweitgrößte Stadt nach vorn: als wirtschaftlich-kultureller und wissenschaftlicher Mittelpunkt der Niederlausitz mit eigener Universität. Im Spitzen-Fußball mühen sich die Cottbuser Kicker immer wieder verbissen um den Klassen-Erhalt. Wie heißt der Bundesliga-Verein der Stadt mit dem berühmten Zungenbrecher „Der Cottbuser Postkutscher putzt den Cottbuser Postkutschenkasten"?

A. Union

B. Dynamo

T. Energie

12 Traumfabrik Babelsberg: Die Studios am Ufer des Tiefensees haben eine lange Tradition, 1911 begann der Aufbau der ersten Ateliers. Marlene Dietrich („Der blaue Engel") stand hier vor der Kamera, Greta Garbo, Heinz Rühmann, Willy Fritsch, Marika Rökk – die großen Ufa-Stars. Auch die Defa, die nach dem Krieg die Studios übernahm, schuf unvergessene Kino-Klassiker. Wolfgang Staudte drehte 1946 mit der erst 20jährigen Hildegard Knef „Die Mörder sind unter uns". Ein Kultfilm bis heute „Die Legende von Paul und Paula". Aber: Beide deutsche Diktaturen, die braune wie die rote, missbrauchten den Film auch für ihre Propagandaschlachten. Glück nach der Wende: Babelsberg wurde nicht abgewickelt. Die „Medienstadt Babelsberg" lebt. Fernsehproduktionen, erfolgreiches Kino („Sonnenallee") und für Besucher Einblicke in die Trickkiste der Filmemacher. In die gesamtdeutsche Gegenwart hinübergerettet hat sich auch eine liebenswerte Trickfigur, die Kindern in Ost und West ans Herz gewachsen ist. Wer ist es?

F. Das Petermännchen

G. Das Ampelmännchen

Z. Das Sandmännchen

Das Lösungswort:

1	2	3	4	5	6	7	8	9	10	11	12

Die fettgedruckten Buchstaben vor den jeweils richtigen Antworten in der Reihenfolge 1 – 12 ergeben das Lösungswort: Der Name eines Königs, der im 18. Jahrhundert die Großmachtstellung Preußens begründete, als machtbewusster Feldherr und Staatsmann, aber auch als aufgeklärter Monarch Geschichte schrieb. Durch aufwändige Bauten hat er das Stadtbild Potsdams entscheidend geprägt.

Infos

Brandenburg ist das größte der neuen Bundesländer: 244 Kilometer von der Uckermark im Norden bis zur Lausitz im Süden, 291 Kilometer vom westlichen Havelland bis zum Grenzfluss Oder. Durch Spree, Havel, Rhin, Nuthe und Dahme, eine Vielzahl von Kanälen und 3000 Seen ist Brandenburg das gewässerreichste Land der Bundesrepublik – ideales Urlaubsziel für Wassersportler. Der Zweite Weltkrieg hinterließ schwere Verwüstungen, außerdem ging die gesamte Neumark östlich von Oder und Neiße an Polen verloren. Zwischen 1952 und 1990 existierte das Land Brandenburg nicht mehr, in der DDR war es in die drei Bezirke Potsdam, Cottbus und Frankfurt (Oder) aufgeteilt. In einer Volksabstimmung 1996 entschieden sich die 2,5 Millionen Brandenburger gegen eine Vereinigung mit Berlin, weil sie deren Übermacht (3,5 Millionen Einwohner) fürchteten. Die Wirtschaft des Landes ist geprägt durch Land- und Forstwirtschaft; industrielle Kerne sind Eisenhüttenstadt/Oder und Brandenburg/Havel (Stahlwerke), Erdölraffinerie in Schwedt/Oder, Braunkohlentagebau und Großkraftwerke im Süden. Mit dem Airport Schönefeld sind Brandenburg und Berlin an das internationale Luftverkehrsnetz angebunden. Verstärkt wird jetzt für den Tourismus geworben.

Kiel
Schleswig-Holstein

Mecklenburg-Vorpommern

Schwerin

Bremen
Hamburg

Niedersachsen

Berlin

Hannover

Magdeburg

Potsdam

Sachsen-Anhalt

Brandenburg

Nordrhein-Westfalen

Düsseldorf

Bonn

Hessen

Erfurt

Thüringen

Sachsen

Dresden

Rheinland Pfalz

Wiesbaden

Mainz

Saarbrücken
Saarland

Stuttgart

Bayern

Baden-Würtemberg

München

BERLIN:
Hauptstadt im Umbruch

Mehr als 3,5 Millionen Menschen flüchteten zwischen 1945 und 1961 aus der Sowjetzone, ab 1949 DDR, in den Westen – jeder Zweite über West-Berlin. Das Tor zur Freiheit, beschützt von den alliierten Siegermächten USA, Großbritannien, Frankreich. Die 112 Kilometer lange Grenze der DDR zum Westteil der Millionen-Metropole, der „Außenring", war schon 1952 wegen der Flüchtlingsströme abgeriegelt worden. An einem Sonntagmorgen des Jahres 1961 – im Jahr zuvor hatten sich 360 000 DDR-Bürger gen Westen abgesetzt – begannen Grenzpolizisten und Bauarbeiter Ost mit dem Bau der Sperranlagen, die Berlin auseinander rissen. Von der SED-Propaganda zynisch „antifaschistischer Schutzwall" genannt, in Wahrheit eine Schandmauer, die DDR-Bürgern die Flucht unmöglich machen sollte. 43,1 Kilometer Mauer, an der mindestens 125 Menschen beim Versuch, sie zu überwinden, starben. Heute sind im geschleiften Sperrgürtel Straßen, Grünanlagen und neue Stadtquartiere entstanden. Mauerreste, eine rote Linie und in die Straße eingelassene Granitsteine erinnern an die Teilung Berlins. An welchem Tag begann 1961 der Mauerbau?

X.   9. November

Z.   17. Juni

C.   13. August

Seit der Reichstag unter der Haube ist, haben zwei Millionen Menschen jährlich (pro Tag etwa 5000) die riesige, 23,5 Meter hohe gläserne Kuppel besucht, die der britische

Architekt Sir Norman Foster auf den Bau aus dem Jahre 1894 setzte. Ein Ort wechselvoller deutscher Geschichte: 1918 rief der Sozialdemokrat Philipp Scheidemann hier die Weimarer Republik aus. 1933 ging das Parlament in Flammen auf. Hitler nutzte den Anschlag, das Ermächtigungsgesetz und damit die Herrschaft der Nazis durchzusetzen. Bei den Kämpfen um Berlin 1945 zerschossen Sowjettruppen den Reichstag und hissten auf dem Dach die rote Fahne. Mit der Entscheidung des Bundestags, die provisorische Hauptstadt Bonn aufzugeben und in die alte Hauptstadt Berlin umzuziehen, ist das Traditionsgebäude nach umfangreichen Umbauarbeiten seit 1999 wieder Heimat der Volksvertreter des vereinten Deutschlands. Welche verpflichtende Inschrift steht an der Stirnfront des Parlaments?

    U.   Dem deutschen Volke

    A.   Einigkeit und Recht und Freiheit

    F.   Deutschland, einig Vaterland

3 Alljährlich Ende August lockt Berlin Hunderttausende auf die IFA, die Internationale Funkausstellung, eine der weltweit größten Messen der Unterhaltungs-Elektronik. Flachbildschirme der neuesten Generation (der Gigant unter ihnen misst 108 Zoll) erwiesen sich zuletzt 2007 als Renner in den Hallen unterm Funkturm. Seit 1924, als die ersten Röhren-Radios noch der Hit waren, ist Berlin wegweisend für die Entwicklung der Branche. Hier wurde auch das Farbfernsehen für Westdeutschland gestartet. Die DDR zog zwei Jahre später mit dem 2. Programm des DFF nach. Pioniere der bunten TV-Bilder sind die Amis, die damit in den 40er und 50er Jahren anfingen. Der deutsche Ingenieur Walter Bruch schaffte knapp zwei Jahrzehnte danach mit seinem bis heute erfolgreichen PAL-System den Durchbruch. Grund für die IFA, ein rundes Jubiläum zu feiern: Vor wie vielen Jahren drückte Willy Brandt, 1967 Vizekanzler der Großen Koalition in Bonn, auf der Berliner IFA den roten Knopf, um das farbige Fernsehzeitalter in den westdeutschen TV-Haushalten zu starten?

R.   Vor 50 Jahren
S.   Vor 30 Jahren
T.   Vor 20 Jahren

4 Es ist 65,5 Meter breit, 11 Meter tief und 26 Meter hoch, gekrönt von der Siegesgöttin Viktoria, die einen von vier Pferden gezogenen Wagen (die Quadriga) in die Stadtmitte lenkt: das Brandenburger Tor, Symbol für Deutschlands Teilung und Wiedervereinigung. Um die Quadriga hat es immer wieder Streit gegeben. Ursprünglich sollte die Siegesgöttin Viktoria nach griechischem Vorbild nackt sein, doch auf Befehl von Preußens König Friedrich Wilhelm II. musste sie mit einem Mantel umhüllt werden. 1806 ließ Napoleon die Quadriga nach Paris verschleppen. Acht Jahre später, nach dem Sieg über die französische Armee, kehrte sie zurück und wurde mit Eisernem Kreuz, Lorbeerkranz und preußischen Adler geschmückt. Im zweiten Weltkrieg stark beschädigt, vom Original blieb nur ein Pferdekopf, stand das rekonstruierte Wahrzeichen Berlins ab 1957 wieder am alten Platz, ohne Adler und Eisernes Kreuz, weil die DDR dagegen war. Nach der Wiedervereinigung bekam Viktoria ihren Schmuck zurück. Ein Mini-Abbild des Brandenburger Tors trägt jeder von uns im Portemonnaie – auf der Rückseite welcher deutschen Euromünzen?

C. 1, 2, 5 Cent

R. 10, 20, 50 Cent

Z. 1 Euro

5 Jahrzehnte lang spielte Schloss Bellevue, das seinen Namen wegen des schönen Ausblicks auf die Spree am Westrand des Tiergartens erhielt, nur eine Aschenputtel-Rolle für die höchsten politischen Repräsentanten der westdeutschen Bundesrepublik. Erster Amtssitz der Bundespräsidenten blieb die Villa Hammerschmidt in Bonn. Obwohl das im zweiten Weltkrieg ausgebrannte frühklassizistische Schloss in den 50er Jahren wieder aufgebaut worden war, gaben Theodor Heuss, Heinrich Lübke, Gustav Heinemann, Walter Scheel und Karl Carstens an ihrem offiziellen zweiten Amtssitz nur gelegentliche Gastspiele. Das änderte sich, als 1984 ein Mann an die Spitze des Staates rückte, der vorher als Regierender Bürgermeister von Westberlin die Interessen der Mauer-Stadt energisch vertreten hatte. Mit seiner Entscheidung, Schloss Bellevue zum ersten Amtssitz des jetzt gesamtdeutschen Bundespräsidenten zu machen, setzte er 1994 ein deutliches Zeichen – fünf Jahre vor dem Umzug von Regierung und Parlament vom Rhein an die Spree. Der Name dieses in West wie Ost beliebten Spitzen-Politikers, der 2015 starb und dessen zehnjährige Amtszeit sich durch bedeutsame Reden auszeichnete?

Y. Richard von Weizsäcker

A. Roman Herzog

B. Johannes Rau

6 Alexanderplatz – zentraler Platz von sprödem Charme in Berlin-Mitte. Quirliger Verkehrsknoten: eine halbe Mil-

lion Menschen steigt am „Alex" täglich um. Ehemals Markt-
und Paradeplatz, der 1805 zu Ehren des russischen Zaren Alexander I. seinen Namen erhielt. In den Goldenen Zwanzigern neben dem Potsdamer Platz Inbegriff der pulsierenden Weltstadt.
Immer wieder umgebaut. Zu DDR-Zeiten, nach der Wende, bis
heute. Platz der Erinnerung: an die Weltjugendfestspiele, an die
Aufmärsche der NVA-Truppen, an die größte Demonstration
(eine Million Menschen!) gegen das DDR-Regime fünf Tage
vor dem Mauerfall 1989, die live im DDR-Fernsehen übertragen
wurde. Ein Platz, an dem die Dichter Gotthold Ephraim Lessing
und Heinrich von Kleist wohnten. „Berlin Alexanderplatz", lite-
rarisch verewigt in einem der bedeutendsten Großstadt-Romane
und unvergessen als erfolgreiche Fernsehserie von Rainer Werner
Fassbinder. Wer ist der Autor des 1929 erschienenen Romans,
der als Armenarzt Milieu und Sprache seiner Zentralfigur Franz
Biberkopf genau kannte?

    M.   Kurt Tucholsky
    N.   John Don Passos
    W.   Alfred Döblin

7 Das haben weder Knautschke, der Flusspferdbulle, noch
Yan Yan und Bao Bao, die Großen Pandas, geschafft – als
Publikumsmagnet im Berliner Zoo hat Knut, der kleine Eis-
bär, sie alle in den Schatten gestellt. Deutschlands ältestem und
artenreichstem Zoo (14 000 Tiere), der jährlich 2,3 Millionen
Besucher zählt, bescherte er eine zusätzliche Gäste-Invasion
und Millionen Mehreinnahmen. Alle wollten den im Dezem-
ber 2006 geborenen Knut sehen. Selbst aus China, Neuseeland,
USA und Afrika kamen die Neugierigen. Fernsehstationen,
Zeitungen, Zeitschriften weltweit überschlugen sich in der

Berichterstattung über den Eisbär-Jungen, den seine Mutter Tosca, die früher im DDR-Staatszirkus auftrat, verstieß und der von einem Tierpfleger aufgezogen wurde. Da ging es ihm besser als seinen 20 000 frei lebenden Artgenossen, die im Eiswasser Robben jagen müssen und wo hungrige Väter manchmal die Jungtiere auffressen. Den bedrohlichen Klimawandel musste Knut auch nicht fürchten, weil er im Zoo als Kassenschlager bestens betreut wurde. Dennoch starb er als Fünfjähriger im März 2011. Eisbären (Ursus maritimus) in freier Natur können 25 bis 30 Lebensjahre erreichen. Wo ist ihre natürliche Heimat?

K. Auf Island
U. In den nördlichen Polarregionen
L. In der Antarktis

8 Glanzrollen für Heinz Rühmann, Rudolf Platte und später Harald Juhnke als „Hauptmann von Köpenick", dem Carl Zuckmayer ein literarisches Denkmal setzte. Die ganze Welt lacht bis heute über den Hochstapler Friedrich Wilhelm Voigt, der am 16. Oktober 1906 in preußischer Hauptmanns-Uniform „auf allerhöchsten Befehl" eine Handvoll Soldaten um sich scharte, das Rathaus von Köpenick besetzte, Bürgermeister und Kassenwart verhaftete und mit der Stadtkasse verschwand. Der Coup brachte dem geübten Knastologen zwar weitere Jahre hinter Gittern ein, danach aber Ruhm und Geld, als er durch Deutschland, Europa und die USA tingelte, um seine Story zu vermarkten. Bei Madame Tussaud in London steht er in Wachs, vor dem Köpenicker Rathaus in lebensgroßer Bronze. In Luxemburg, wo er 1922 starb, wird sein Grab von der Stadt gepflegt. Und Köpenick hält die Erinnerung an die „Köpenickiade" seit hundert Jahren wach. Einen ordentlichen Beruf übte der „Hauptmann" auch aus, wenn er nicht gerade im Knast saß – welchen?

R. Schuhmacher

S. Uniform-Schneider

T. Stiefelputzer

9 Sie heißen „Frohsinn" oder „Paradies", „Rehberge" oder „Kein-Afrika" – und wenn ein Berliner hier sein zweites Zuhause hat, sagt er: „Ick happm Jarten." Jeder zehnte Berliner besitzt eine Parzelle, meist ein bisschen „jot we deh" (janz weit draußen), aber auch nah an seinem Kiez. Gut organisiert bilden sie eine Macht, mit der sich Politiker nur ungern anlegen. 180 Jahre alt ist die Kleingarten-Bewegung in der Hauptstadt: Frischluft- und Freizeit-Domizil für die Familie, in Notzeiten und heute wieder begehrt, um eigenes Gemüse und Obst zu ernten. Während der Nazi-Zeit fand mancher Verfolgte in einer Laube eine sichere Fluchtburg, weil Kleingärtner eine verschworene Gemeinschaft bilden. Der jüdische TV-Quizmaster Hans Rosenthal (Dalli-Dalli) überlebte in einer Kleingartenkolonie. Die wird längst nicht mehr als spießig bespöttelt, sondern ist hip bei jungen Berlinern, die neben ihrer Stadtwohnung die grüne Idylle schätzen. Wie nennen sie sich nach alter Tradition?

A. Schrebergärtner

D. Kleingärtner

S. Laubenpieper (Laumpiepa)

10 Wann schläft Berlin? Nie. Irgendwo ist immer was los. Kneipen ohne Sperrstunde. Und Kultur satt. Drei

Opern, über hundert Theater, mehr als 170 Museen. Welterbe die Museumsinsel, ein Juwel mit fünf Gebäuden. Das Pergamonmuseum ist seit seiner Eröffnung 1930 ein Publikumsmagnet. Noch wird auf der Spreeinsel saniert, aber ab 2010 wird dieser Ort preußischen Kulturbesitzes in neuem Glanz erstrahlen. Musikalisch hat Berlin sein Licht nie unter den Scheffel gestellt. Weltweit gibt es kaum eine Stadt, über die so viele Lieder geschrieben wurden wie über Berlin. Da summt jeder mit, wenn Udo Lindenberg im „Sonderzug nach Pankow" fährt, Lizzi Waldmüller den ganz besonderen Duft der „Berliner Luft" preist, Conny Froboes die Badehose einpackt, weil der Wannsee lockt, und die große Marlene Dietrich an „Das war in Schöneberg, im Monat Mai" erinnert. Noch eine Künstlerin hat die Stadt, in der sie Triumphe feierte, immer wieder besungen. Wo sie auch war, ihr Herz schlug für die Millionenstadt: „Ich hab noch einen Koffer in Berlin". Der Name der Schauspielerin, Buchautorin und Chansonsängerin mit der rauchigen Stimme?

T. Hildegard Knef

P. Helga Hahnemann

U. Edith Hanke

Das Lösungswort:

1	2	3	4	5	6	7	8	9	10

Wenn Sie die fett gedruckten Buchstaben vor den jeweils richtigen Antworten in der Reihenfolge 1 – 10 hintereinander schreiben, haben Sie das Lösungswort: ein in Berlin begehrtes

Nahrungsmittel, das vorzugsweise an Imbissbuden verabreicht wird. Hamburg und Berlin streiten darum, wer den köstlich-scharfen Snack erfunden hat. Für die Berliner ist es Herta Heuwer aus Charlottenburg, die ihn 1949 erstmals anbot. Die Hamburger halten Lena Brücker in Ehren, die damit schon 1947 ihre Imbiss-Kunden anlockte.

Infos

Berlin ist eine junge Hauptstadt: 1871 erstmals Regierungssitz des Deutschen Kaiserreichs, Ost-Berlin ab 1949 Hauptstadt der DDR, gesamtdeutsche Metropole durch Beschluss des Bundestages vom Juni 1991 und faktisch ab 1999 mit der Aufnahme der Arbeit von Bundestag und Bundesregierung. Nach Kriegsende Vier-Sektoren-Stadt, schwer geprüft durch die Blockade der Sowjets 1948 und nur am Leben erhalten durch die Luftbrücke der Alliierten, die Westberlin versorgten. Nach Gründung der Bundesrepublik und DDR 1949 praktisch zweigeteilt. In Ostberlin – und anderen DDR-Städten – Arbeiteraufstand im Juni 1953, den sowjetische Panzer niederschlugen. Mit dem Mauerbau 1961 war Westberlin 28 Jahre lang eingeschlossen: eine Insel der Freiheit im sozialistischen System. Die 3,5 Millionen Berliner genießen jeden Tag die sprichwörtliche „Berliner Luft", mehr als ein Viertel der Stadtfläche sind Flüsse, Seen, Wälder, Wiesen und Parks. Die Hauptstadt ist Bundesland, die Volksvertretung das Abgeordnetenhaus, die Landesregierung der Senat mit dem Regierenden Bürgermeister an der Spitze. Fast jeder dritte Berliner arbeitet im Dienstleistungsgewerbe. Als Wissenschaftsmetropole genießt Berlin einen guten Ruf: vier Universitäten, die „Charité" ist Europas größte medizinische Fakultät. Der Tourismus gewinnt zunehmend an Bedeutung.

Kiel
Schleswig-
Holstein

Mecklenburg-
Vorpommern

Schwerin

Bremen

Hamburg

Niedersachsen

Berlin

Hannover

Magdeburg

Potsdam

Nordrhein-
Westfalen

Sachsen-
Anhalt

Brandenburg

Düsseldorf

Bonn

Hessen

Erfurt

Sachsen

Dresden

Thüringen

Rheinland
Pfalz

Wiesbaden

Mainz

Saarbrücken
Saarland

Stuttgart

Bayern

Baden-
Würtemberg

München

SACHSEN-ANHALT:
Reiches kulturelles Erbe

1 Die alte Universitätsstadt Wittenberg war im 16. Jahrhundert ein geistiges und kulturelles Zentrum von europäischer Bedeutung. Das verdankte die Stadt an der mittleren Elbe vor allem dem Augustinermönch Martin Luther (1483 – 1546), der ab 1512 an der Uni Theologie lehrte. Fünf Jahre später, am 31. Oktober 1517, schrieb er mit seinen berühmten Thesen wider den Ablasshandel Geschichte: Die Reformation, die Katholiken und Protestanten spaltete, begann. Ob Luther seine Thesen wirklich an der hölzernen Pforte der Schlosskirche zu Wittenberg anschlug, ist historisch umstritten. Der Mythos vom Thesenanschlag wird dem Reformator Philipp Melanchthon zugeschrieben. Das Gotteshaus brannte im Siebenjährigen Krieg (1756 – 1763) nieder, auch die Holztür. Jetzt stehen Luthers Thesen an einer Bronzetür der Mitte des 19. Jahrhunderts wieder aufgebauten Schlosskirche, in der sich unter der Kanzel Luthers Grab befindet. Mit wie vielen Thesen leitete der Reformator, der mit seiner Bibel-Übersetzung auch die Grundlage für die neuhochdeutsche Schriftsprache legte, die Teilung des christlichen Abendlandes ein?

R. 95 Thesen

L. 195 Thesen

N. 19 Thesen

2 Kulturland Sachsen-Anhalt: Wie ein steinerner Kalender deutscher Geschichte zieht sich die „Straße der Romanik" durchs Land, 1993 im Magdeburger Kloster „Unser Lie-

ben Frauen" durch den damaligen Bundespräsidenten Richard von Weizsäcker eröffnet. Eine Ferienstraße in Form einer Acht, 1.195 Kilometer lang, die 72 romanische Baudenkmäler in 60 Orten verbindet: Dome, Kirchen, Pfalzen, Burgen und Klöster von europäischem Rang. Die Spuren von Heinrich dem Vogeler, dem ersten deutschen König, und der Ottonen sind auf der Route zu entdecken. In welchem Zeitraum schufen die großen Baumeister der Romanik jene Zeugnisse abendländischer Geschichte, die wir heute noch bewundern?

X.   1600 bis 1770

Z.   1250 bis 1600

E.   950 bis 1250

3 Dass der Mensch von Kultur allein nicht leben kann, sondern Essen und Trinken Leib und Seele zusammenhalten: Die Nahrungsmittelindustrie in Sachsen-Anhalt, der umsatzstärkste Wirtschaftszweig des armen Bundeslandes, macht sich diesen menschlich-allzumenschlichen Grundsatz zu nutze. 22.000 Mitarbeiter zählt die Branche – und sie ist auf Erfolgskurs, typische Landesprodukte deutschlandweit zu vermarkten. Rotkäppchen-Sekt aus Freyburg fließt längst überall. Halberstädter Würstchen, schon 1896 weltweit erstmals in Dosen hergestellt, sind auch in westdeutschen Supermärkten begehrt. Das Hasseröder aus Wernigerode hat sich unter den fünf führenden deutschen Premium-Pils-Marken positioniert. Süße Verführung kommt aus Halle. Was den Salzburgern die Mozart-Kugeln, sind den Hallensern und vielen auswärtigen Schoko-Liebhabern ihre... Der Name der berühmten Kugeln aus Deutschlands ältester Schokoladenfabrik?

F. Halloren

G. Halloween

H. Halwa

4 Sachsen-Anhalt, das an Niedersachsen, Brandenburg, Sachsen und Thüringen grenzt und historisch aus dem Raum an der Mittelelbe, unterer Saale und Harz gewachsen ist, hat als Land in seiner heutigen Gestalt eine sehr kurze Tradition. Es existierte von 1947 bis 1952, wurde von der SED-Regierung aufgelöst, in die Bezirke Halle und Magdeburg aufgeteilt, und erst 1990 nach der Vereinigung Deutschlands wiedergegründet. Ein junges Bundesland mit großen Problemen: Weil Arbeitsplätze fehlen, hält die Abwanderung in den Westen an. 1990 weist die Statistik noch 2,8 Millionen Einwohner auf, 2017 ist es über eine halbe Million weniger! Nach den amtlichen Prognosen verlieren zum Beispiel die Landkreise Anhalt-Bitterfeld, Mansfeld-Südharz und Wittenberg bis 2025 fast 30 Prozent ihrer Bevölkerung. Auch die beiden Großstädte Magdeburg und Halle schrumpfen. Wer stellt solche Hochrechnungen auf?

P. Innenministerium

O. Landesamt für Statistik

Q. Landtag

5 Auf große Männer muss sie einen besonderen Reiz ausgeübt haben: die Magd, die mit grünem Kranz auf den Zinnen der doppeltürmigen roten Burg das Stadtwappen der Landeshauptstadt von Sachsen-Anhalt ziert – Magdeburgs Namensgeberin. Otto der Große, der erste Kaiser des Heiligen Römischen Reiches, verliebte sich im 10. Jahrhundert in die Stadt. Sein Erbe: die Kaiserpfalz. Die Universität trägt stolz den

Namen des Bürgermeisters und Physikers Otto von Guericke. Die „Magdeburger Halbkugeln" zeugen von seinen Pioniertaten. Um das Vakuumphänomen zu veranschaulichen, ließ er 1654 zwei Halbkugeln aneinander legen und luftleer pumpen. Acht Pferde an jeder Seite schafften es nicht, sie auseinander zu ziehen. In New York wird jedes Jahr ein berühmter Sohn Magdeburgs mit einer Parade gefeiert, der als General dem Gründungsvater der USA, Georg Washington, entscheidend zum Sieg im amerikanischen Unabhängigkeitskrieg (1775 – 1785) verhalf. Der Name der Parade, bei der 2007 auch eine Magdeburger Delegation mit dem Sax ′n Anhalt Orchester an der Spitze mitmarschierte?

R. Steuben-Parade

S. Disney-Parade

U. Christopher-Street-Parade

6 Schicksalsschläge, die Magdeburg ins Mark trafen: Die Altstadt ging 1945 im Bombenhagel fast vollständig unter, das Jahrhunderthochwasser im Sommer 2002 richtete schwere Schäden an. Aber die Landeshauptstadt, zu DDR-Zeiten „Stadt des Schwermaschinenbaus" und nach sozialistischem Vorbild wiederaufgebaut, holt mächtig auf. Am Kreuzungspunkt von Elbe, Mittelland- und Elbe-Havel-Kanal hat sie sich mit dem Jahrhundertbauwerk „Wasserstraßenkreuz" einen bedeutenden europäischen Binnenhafen geschaffen. Im Elbauenpark erhebt sich als 60 Meter hohes Wahrzeichen über dem Bundesgartenschaugelände der aus Holz konstruierte Jahrtausendturm mit der spannenden Ausstellung zur Wissenschafts- und Technikgeschichte. Groß gefeiert wird in einer der modernsten Mehrzweckhallen Deutschlands, der größten in Sachsen-Anhalt, die sich nach dem Umland nennt, das sich durch besonders fruchtbare Böden auszeichnet. Name?

M. Bördelandhalle
N. Salzlandhalle
O. Elbauenhalle

7   Halle, mit 234.000 Einwohnern die bevölkerungsreichste Stadt des Landes, ist vom Chemie-Grau aus DDR-Zeiten befreit und präsentiert sich heute, schön herausgeputzt, mit Zukunftsbranchen und als Bildungsmetropole (Martin-Luther-Universität). Bildung und Kultur haben in der Saale-Stadt Tradition, die ihren Reichtum der Salzgewinnung verdankt. „Hals" bedeutet im Griechischen Salz, die Salzarbeiter nannten sich „Halloren". Die letzte Saline aus dem Mittelalter stellte erst 1964 ihren Betrieb ein. Als großer Sohn der Stadt wird heute noch Georg Friedrich Händel (1685 – 1759) gefeiert, der Komponist barocker Musik. Die Franckesche Stiftungen bewahren das Andenken an den berühmten Pädagogen August Hermann Francke (1663 – 1727), der 2300 armen jungen Menschen Bildung und Berufseinstieg ermöglichte. Auf einen Politiker aus ihrer Stadt sind die Hallenser besonders stolz, der als Außenminister einen wesentlichen Beitrag zur deutschen Wiedervereinigung leistete. Sein Name?

C. Joschka Fischer
A. Hans-Dietrich Genscher
D. Oskar Fischer

8   Na denn, Prost! Unter den 13 deutschen Weinanbaugebieten ist das an Saale und Unstrut eher klein

(Rheinhessen, Deutschlands bedeutendste Weinregion, ist mit 26.000 Hektar viermal größer), aber was hier an Müller-Thurgau, Weißburgunder oder Silvaner in Gläser und Flaschen gefüllt wird, ist inzwischen bundesweit beliebt und nicht mehr „Bückware" wie zu DDR-Zeiten. Die Winzer an der Weinstraße südlich von Halle blicken auf eine über tausendjährige Tradition zurück. Ihre Weine zeichnen sich durch feinfruchtiges und spritziges Bukett aus. Viele Weinkeller zwischen Freyburg, Naumburg, wo im Dom seit 1250 die in Stein gehauene Uta wacht, und Bad Kösen laden zu gemütlichen Weinproben ein – was passiert da?

L.   Wein wird gebechert
I.   Wein wird gekostet
T.   Wein wird verkostet

9 Schon der Name sagt es: Harz kommt von Hart, und das bedeutet Wald. Den gab es immer reichlich rund um den sagenumwobenen Brocken (1142 Meter hoch). Zuerst Laubwald, dann Fichte, weil deren feste und gerade Stämme beim Bau von Stollen und Schächten für die Erzgewinnung besser geeignet waren. Über Tausende von Kilometern erstreckt sich das unterirdische Geflecht von Gängen, in denen in harter Knochenarbeit Erz abgebaut wurde. Damit ist es seit der Wende vorbei. Mit sanftem Tourismus steuert der Nationalpark Harz in die Zukunft. Er bietet großartige Naturerlebnisse. Und mit Wernigerode und dem UNESCO-Welterbe Quedlinburg Perlen der Städtebau-Geschichte. Dabei war Holz vom Hochmittelalter bis ins 19. Jahrhundert der vorherrschende Baustoff. Was ist typisch für den Baustil im Ostharz?

K. Blockhaus

L. Backsteinhaus

I. Fachwerkhaus

10 Martin Luther (1483 – 1546), der in Eisleben geborene große Reformator, kannte bei der Hexenverfolgung im Harz kein Pardon: „Es ist ein überaus gerechtes Gesetz, dass die Zauberinnen getötet werden, denn sie richten viel Schaden an… Sie können nämlich Milch, Butter und alles aus einem Haus stehlen … und ein Kind verzaubern", sagte er in einer Hexenpredigt am 6. Mai 1526. Im Mittelalter und der frühen Neuzeit endeten Zehntausende der Hexerei beschuldigter Frauen auf dem Scheiterhaufen, wo sie bei lebendigem Leibe verbrannt wurden. Erst 1714 endete der blutige Spuk durch ein Edikt des Preußen-Königs Friedrich Wilhelm I. Heute dürfen die Harz-„Hexen" ungestraft ihre Späße treiben, zum Beispiel in Thale auf dem Hexentanzplatz, um den Tourismus anzukurbeln. Und in Thales Walpurgishalle sind die wilden Szenen aus Goethes Walpurgisnacht lebendig. In welchem seiner Werke hat der Altmeister die Hexen losgelassen?

O. Faust I.

Q. Faust II.

R. Harzreise im Winter

11 Dessau, die historische Kapitale von Anhalt, ist 2007 nach der Eingemeindung von Roßlau auf über 83.000 Einwohner angewachsen – die drittgrößte Stadt des Landes. Mit Halle und Leipzig gehört sie zur Wachstumsregion Mitteldeutschlands. Eine Stadt mit großer Tradition: Die Bauhaus-Stätten des Architekten Walter Gropius (1883 – 1969), von der weltweit Impulse für Architektur, Kunst und Design bis heute ausgehen, zählen ebenso wie das Wörlitzer Gartenreich in der Auenlandschaft von Elbe und Mulde zum Weltkulturerbe der UNESCO. Der Komponist Kurt Weill, Sohn eines Dessauer Kantors, erlangte mit der „Dreigroschenoper" internationalen Ruhm. Das erste Ganzmetall-Verkehrsflugzeug der Welt baute Hugo Junkers 1919 in seinem Dessauer Betrieb. Noch berühmter wurde der Flugzeug-Pionier in den dreißiger Jahren des vorigen Jahrhunderts mit einer dreimotorigen Passagiermaschine, mit der die Lufthansa ein neues Zeitalter im Luftverkehr einleitete. Auf Sonderflugtagen wird die „alte Tante" auch heute noch bestaunt. Ihr Name?

N. Ju 52
Y. A 380
Z. F 13

Das Lösungswort:

$\boxed{}_1 \boxed{}_2 \boxed{}_3 \boxed{}_4 \boxed{}_5 \boxed{}_6 \boxed{}_7 \boxed{}_8 \boxed{}_9 \boxed{}_{10} \boxed{}_{11}$

Wenn Sie die fett gedruckten Buchstaben vor den jeweils richtigen Antworten in der Reihenfolge 1 – 11 hintereinander schreiben, haben sie das Lösungswort: der Name für eine weltumspannende Bewegung, die durch Martin Luther in Wittenberg angestoßen wurde.

Infos

Riesige Probleme hatte Sachsen-Anhalt (2,2 Millionen Einwohner) bei der Umstrukturierung seiner Industrie, und trotz großer Fortschritte ist die Arbeitslosigkeit immer noch neben Mecklenburg-Vorpommern die höchste in Ostdeutschland. Wirtschaftlicher Schwerpunkt ist neben der Landeshauptstadt Magdeburg die Region um Halle (Chemiedreieck, Leuna) mit dem sächsischen Leipzig. Ein enges Verkehrsnetz verbindet das Land mit seinen Nachbarn. Verstärkt wird der Dienstleistungssektor ausgebaut und der Mittelstand gefördert. Landwirtschaft herrscht in der dünn besiedelten Altmark und auf den fruchtbaren Lössböden der Magdeburger Börde, wo der Zuckerrübenanbau überwiegt. Im Harz und im Saale-Unstrut-Gebiet spielt der Tourismus eine wichtige Rolle. Die große kulturelle Tradition und der landschaftliche Reichtum werden zunehmend erfolgreicher vermarktet. Bundeskanzler Konrad Adenauer, der erste Kanzler der Bundesrepublik, hat mal gesagt: „Wenn ich bei Magdeburg in die norddeutsche Tiefebene komme, beginnt für mich Asien." Da würde er heute sagen: „Was interessiert mich mein Geschwätz von gestern!" Und sich von der sachsen-anhaltinischen Küche verwöhnen lassen. Zum Beispiel der „Köthener Schusterpfanne", einem mit Kartoffeln und Birnen überbackenen Schweinebraten. Und ein paar Halloren-Kugeln gäbe es als süßen Nachtisch…

Kiel
Schleswig-
Holstein

Mecklenburg-
Vorpommern

Schwerin

Bremen

Hamburg

Niedersachsen

Berlin

Hannover

Magdeburg

Potsdam

Brandenburg

Nordrhein-
Westfalen

Düsseldorf

Sachsen-
Anhalt

Sachsen

Bonn

Hessen

Erfurt

Dresden

Thüringen

Rheinland
Pfalz

Wiesbaden

Mainz

Saarbrücken
Saarland

Stuttgart

Bayern

Baden-
Würtemberg

München

THÜRINGEN:
Deutschlands starke Mitte

Goethe, Schiller, Wieland, Herder, große Namen der deutschen Klassik: Die Kulturdenkmäler des „klassischen Weimar" stehen unter dem Welterbe-Schutz der UNESCO und sind mehr denn je Touristen-Magnet. Um die Besucher-Ströme kümmern sich fast 90 Prozent aller Beschäftigten Weimars, die im Dienstleistungssektor arbeiten (37 Hotels, 3700 Betten). Die Stadt an der Ilm, viertgrößte Thüringens, in der 1919 die erste Republik auf deutschem Boden, die Weimarer Republik, gegründet wurde, hat seit Oktober 2007 auch wieder ihre weltberühmte historische Bibliothek im „grünen Schloss" geöffnet. Drei Jahre zuvor waren in einer verheerenden Brandnacht 50.000 Bücher der eine Million umfassenden Sammlung aus elf Jahrhunderten vernichtet, 60.000 Schätze der Weltkultur und das Gebäude schwer beschädigt worden. Jetzt ist der alte Glanz zurückgekehrt, den Weimar einer kunstsinnigen Herzogin verdankt, die im 18. Jahrhundert das Schloss mit dem prachtvollen Rokokosaal zur Bibliothek umgestalten ließ und die ihre Namensgeberin ist.

G. Anna Amalia

H. Anna Sophie

J. Anna Karenina

2 Hier nahm alles seinen Anfang: Schon 1509 wurden im thüringischen Altenburg Spielkarten hergestellt. Und zwischen 1810 und 1817 erfanden Mitglieder der „Brommeschen Tarockgesellschaft", unter ihnen Verleger Brockhaus, ein

Kartenspiel, das schnell die deutschen Lande eroberte und sich durch Seeleute und Auswanderer weltweit ausbreitete. Heute drücken, stechen und schmieren in Deutschland geschätzte 20 Millionen Spieler, die meisten mit den 32 Spielkarten, die aus Altenburg kommen. Der denkmalsgeschützte Betrieb zählt seit seiner Sanierung nach der Wende zu den modernsten und bedeutendsten Produktionsstätten in Europa – Tagesausstoß bis zu 200.000 Spielkarten. König aller Kartenspiele seit fast zweihundert Jahren ist…

    S.   Tarock

    T.   Bridge

    R.   Skat

3 Oberhof am Rennsteig, dem ältesten und mit 169,3 Kilometer Länge einem der schönsten deutschen Fernwanderwege im Thüringer Mittelgebirge, lohnt im Sommer wie im Winter ein Urlaubstrip. Nach Erfurt und Weimar ist die 815 Meter hoch gelegene Stadt Thüringens meist besuchter Ferienort. Ein Wintersport-Zentrum, in dem die Bundeswehr ihre Leistungssportler betreut. 2008 Schauplatz der Rennrodel-Weltmeisterschaften und des Biathlon-Weltcups. Goldmedaillen-Gewinner Sven Fischer ist hier zu Hause. Und wenn die sieggewohnten Biathletinnen zum Wettkampf antraten, war immer auch eine Thüringerin dabei, die nicht nur wegen ihrer knallroten und topmodern gestylten Haare auffiel, sondern als erfolgreichste Biathletin bei Olympischen Spielen und Weltmeisterschaften ganz oben auf dem Siegertreppchen stand. Der Name der schillernden Sportlerin, von US-Journalisten als das „sympathischste Lächeln im Biathlon" gefeiert?

Ü. Kati Wilhelm

Ä. Uschi Disl

Ö. Magdalena Forsberg

4 Da lag er ganz schön schief, der (zugereiste) Bernd Kaufmann, Koordinator der Kulturhauptstadt Weimar 1999, als er allen Ernstes ein Thüringer Kultobjekt, die Rostbratwurst, „in der Zeit gehobener kultureller Veranstaltungen" verbieten wollte. Geballter Protest der Bürgerbewegung „Rettet die Thüringer Bratwurst", die immerhin seit 1404 auf dem Rost brutzelt und vor Nachahmern durch EU-Verordnung geschützt ist. Was die Rostbratwurst für den kleinen Hunger zwischendurch, sind immer wieder sonntags die traditionellen Thüringer Klöße. Sogar ein Kloßmuseum gibt es, in Heichelheim (www. klossmuseum.de), das die richtige Zubereitung aus mehlig kochenden und besonders stärkehaltigen Kartoffeln lehrt. Die Kunst, einen Kloß zu einem echten Thüringer Kloß zu machen, ist variantenreich, aber über die Grundsubstanz, wie viel Kartoffeln roh und wie viel gekocht sein dürfen, herrscht seit dem ältesten Rezept von 1808 Einigkeit. Wie ist das Verhältnis?

O. Halbe-halbe

R. Ein Drittel rohe, zwei Drittel gekochte Kartoffeln

N. Zwei Drittel rohe, ein Drittel gekochte Kartoffeln

5 Die Wartburg, hoch über Eisenach an der Grenze zu Hessen, konkurriert seit der Wiedervereinigung mit Schloss Neuschwanstein im Allgäu als beliebtestes Ausflugsziel deutscher und ausländischer Touristen. Reformator Martin Luther hat 1521/22 in der Vogtei, als Junker Jörg getarnt, das

Neue Testament aus dem Griechischen ins Deutsche übersetzt und angeblich mit Tintenfässern nach dem Teufel geworfen. Goethe zog es immer wieder auf die Burg. Die deutschen Burschenschaftler verlasen 1817 beim Wartburgfest feierlich ihr Manifest für ein geeintes Deutschland – die Wartburg, Symbol der Einheit. Unten in Eisenach, am Frauenplan 21, steht das Geburtshaus des großen Komponisten Johann Sebastian Bach. Das wirtschaftliche Herz des heute größten Industriezentrums in Thüringen schlägt vor den Toren der Stadt. Schon 1896 wurden in Eisenach Autos gebaut, in der DDR lief hier der begehrte „Wartburg" vom Band. Glücksfall für Eisenach, dass sich ein Rüsselsheimer Autobauer 1992 entschloss, im Schatten der 940 Jahre alten Burg eine hochmoderne Automobilfabrik zu bauen, die heute mit den Zulieferern tausende Mitarbeiter beschäftigt und Thüringens größtes Unternehmen ist. Der Name?

I. Volkswagen
E. Opel
K. Ford

6 Turmreiches Erfurt, „erfordia turrita", rühmte Martin Luther die heutige Landeshauptstadt von Thüringen, wo er von 1501 bis 1505 studierte: 21 Pfarrkirchen, alles beherrschend Mariendom und Severikirche auf dem Domberg, 15 Klosterkirchen und Kapellen, elf Klöster und vier Stiftskirchen. Die aufstrebende Dienstleistungsmetropole war im Mittelalter geschäftiges, wohlhabendes Handelszentrum mit dem bedeutenden Handelsweg „via regia", der vom Rhein nach Russland führte. Um trockenen Fußes durch die Furt des Flusses zu kommen, der Erfurt durchschneidet, ließen die

Stadtväter schon früh eine Holz-, 1325 dann eine Steinbrücke bauen – die weltberühmte Krämerbrücke, bekanntestes Wahrzeichen der Stadt, auf der einst Krämer in schmalen Buden ihre Waren anpriesen. Mit ihren heute 32 Häusern, in denen Antiquitäten und Kunsthandwerk angeboten werden, ist die Krämerbrücke die längste bebaute Brückenstraße Europas. Welchen Fluss überspannt die 79 Meter lange Bogenbrücke?

S.   die Gera
O.   die Elbe
X.   die Saale

7 Der Traum der Menschheit, Kleines groß sehen zu können und Entferntes nah – in Jena, bei Zeiss, ist er wahr gemacht worden. Auch 120 Jahre nach ihrer Erfindung zählen die Ferngläser von Carl Zeiss zum Besten, was weltweit angeboten wird. In 75 Prozent aller deutschen Kliniken setzen Chirurgen bei schwierigsten Operationen Mikroskope von Zeiss ein. Jenoptik, wie der börsennotierte Technologiekonzern heute heißt, ist in über 20 Ländern vertreten und beschäftigt wieder mehr als 3000 Mitarbeiter. Schmerzhaft war die Umstrukturierung des Unternehmens, das zu DDR-Zeiten 30.000 Menschen beschäftigte, nach der Wende. Als Motor der Erneuerung und Zukunftssicherung zeichnete sich ab 1991 ein Mann aus, der vorher als langjähriger Ministerpräsident von Baden-Württemberg das „Ländle" zum High-Tech-Standort entwickelt hatte. Sein Name?

K.   Bernhard Vogel
N.   Kurt Biedenkopf
H.   Lothar Späth

8 Während heute China den Markt mit Spielwaren überschwemmt, war im frühen vorigen Jahrhundert Sonneberg „Weltspielwarenstadt": Jedes fünfte Spielzeug rund um den Globus kam aus der südthüringischen Kleinstadt. Trotz asiatischer Billig-Konkurrenz tragen die Spielzeugmacher nach wie vor dazu bei, dass die Region wirtschaftlich gut dasteht und die Arbeitslosigkeit die niedrigste im Osten ist. Wer tief hinab tauchen will in die Wunderwelt des Spielzeugs, kann die Geschichte im über hundert Jahre alten Spielzeugmuseum (www. spielzeugmuseum-sonneberg.de), dem ältesten in Deutschland, staunend erleben, das über 60.000 Objekte in seinem Bestand hat. Gespielt wurde schon in der frühen Steinzeit (vor einer Million Jahren) und, damals wie heute, am liebsten mit…

    E.   Puppen

    K.   Teddybären

    L.   Trommeln

9 Von Sonneberg, der Grenzstadt zum fränkischen Coburg, sind es nur wenige Kilometer nach Lauscha – ein Städtchen, das Geschichte schrieb. Weihnachts-Geschichte. Lauscha ist nicht nur Zentrum des Glasbläserhandwerks in Südthüringen, sondern auch Geburtsort des Christbaumschmucks aus Glas, der sich weltweit durchgesetzt hat. Ein armer Glasbläser, so die Legende, schmückte Mitte des 19. Jahrhunderts seinen Tannenbaum mit gläsernen Früchten und Nüssen, weil er sich echte nicht leisten konnte. Die frühen Christbäume waren nämlich noch richtige „Fressbäume", behängt mit Süßigkeiten. Als im späten 19. Jahrhundert der Weihnachtsbaum in jedes deutsche Wohnzimmer Einzug hielt, fehlten bald an keinem Baum mehr bunte Kugeln aus Lauscha. Damals wie heute nach alter Handwerkstradition hergestellt in Heimwerkstätten. Was braucht ein Glasbläser vor allem, damit das spröde Glas biegsam wird und sich unter seinen geschickten Händen zu einem kleinen Kunstwerk formt?

Y. gute Puste

X. dickwandiges Glas

R. einen Gasbrenner

10 Thüringen, aus vielen Kleinstaaten hervorgegangen (die acht Sterne im heutigen Landeswappen des Frei-staates symbolisieren die Geschichte), war nie nur Zentrum deutscher Kultur und als „grünes Herz" beliebtes Urlaubsziel, sondern auch industrieller Vorreiter. Schon seit 1846 ist Erfurt an die Eisenbahnstrecke Berlin – Frankfurt/Main angebunden. Gera blühte auf durch Textilfabriken, in Jena stieß die optische Industrie an die Weltspitze vor, überall im Land gründeten sich Betriebe der Metallindustrie. Im Zuge der Industrialisierung wurde Thüringen zur Wiege der Sozialdemokratie. August Be-bel und Wilhelm Liebknecht gründeten 1869 in Eisenach die Sozialdemokratische Arbeiterpartei, die sich 1875 in Gotha mit dem Allgemeinen Deutschen Arbeiterverein zusammenschloss. Das Gothaer und der Erfurter Parteiprogramm bestimmten viele Jahre sozialdemokratischer Politik in Deutschland. Nach der Wende und vier Jahrzehnten SED-Sozialismus waren nicht die Sozialdemokraten auf der Siegerstraße, sondern die CDU. Bei den Wahlen 2014 gelang Bodo Ramelow der Regierungs-wechsel. Mit welchem Parteien-Bündnis?

Z. Rot-rot-grün

H. Schwarz-gelb

N. Schwarz-rot

Das Lösungswort:

1 ☐ 2 ☐ 3 ☐ 4 ☐ 5 ☐ 6 ☐ 7 ☐ 8 ☐ 9 ☐ 10 ☐

Wenn Sie die fett gedruckten Buchstaben vor den jeweils richtigen Antworten in der Reihenfolge 1 – 10 hintereinander schreiben, haben Sie das Lösungswort: Es ist ein Name, mit dem die Tourismus-Manager Thüringens gern und zu Recht für ihr schönes Bundesland werben.

Infos

Thüringen ist Deutschlands zentralstes Land. Nachbarn sind die neuen Bundesländer Sachsen und Sachsen-Anhalt, die West-Länder Niedersachsen, Hessen und Bayern. Nach der Wende ist die Einwohnerzahl von 2,7 auf 2,2 Millionen geschrumpft. Das Land ist verkehrsmäßig gut erschlossen, die Autobahn A 4, an der die Wirtschaft am weitesten entwickelt ist, verläuft in Ost-West-, die A 9 in Nord-Süd-Richtung. Glas, Keramik, Spielwaren, Holz, Textilien und Metallverarbeitung sind wichtige Wirtschaftszweige. Der Tourismus im Thüringer Wald und Thüringer Schiefergebirge trägt kraftvoll dazu bei, dass Thüringen – neben Sachsen – besser im Rennen liegt als die drei anderen neuen Bundesländer. Schon fehlen qualifizierte Arbeitskräfte. Opel, Bosch, Carl Zeiss, Jenoptik sind Namen mit Weltklang. Thüringen setzt verstärkt auf Bildung und Forschung, um in der Zukunft erfolgreich zu sein. Fünf Universitäten, vier Fachhochschulen, elf außeruniversitäre Forschungseinrichtungen stützen den Landes-Wahlspruch: „Willkommen in der Denkfabrik."

Kiel
Schleswig-
Holstein

Mecklenburg-
Vorpommern

Schwerin

Bremen

Hamburg

Berlin

Niedersachsen

Hannover

Magdeburg

Potsdam

Brandenburg

Nordrhein-
Westfalen

Sachsen-
Anhalt

Düsseldorf

Sachsen

Erfurt

Dresden

Bonn

Hessen

Thüringen

Rheinland
Pfalz

Wiesbaden

Mainz

Saarbrücken

Saarland

Stuttgart

Bayern

Baden-
Würtemberg

München

HESSEN:
Moneten und Grüne Sauce

Frankfurt am Main ist mit 700.000 Einwohnern Hessens größte und (nach Berlin, Hamburg, München und Köln) Deutschlands fünftgrößte Stadt. Eine Stadt, die in Superlativen schwelgt: Sie zählt zu den reichsten und leistungsfähigsten Metropolen Europas. Mit 922 Arbeitsplätzen auf 1000 Einwohner hat sie die höchste Arbeitsplatzdichte im Bundesgebiet – und die meisten Einpendler. Der Frankfurter Flughafen, größte Arbeitsstätte Deutschlands, ist die Nummer drei in Europa (nach London und Paris). Vor allem macht Frankfurt Moneten als Banken-Metropole (Europäische Zentralbank, Bundesbank). Aber: Sie wirbt auch damit, dass hier der deutsche Dichterfürst Johann Wolfgang von Goethe geboren wurde, 1848/49 das erste frei gewählte deutsche Parlament in der Paulskirche tagte und rund um das schöne alte Rathaus, den Römer, viele gemütliche Altstadt-Ecken zum Bummeln einladen. Weltberühmt und immer wieder fotografiert die Skyline: 15 Wolkenkratzer recken sich über 150 Meter hoch in den Himmel. Die Commerzbank mit 259 Metern gehört zu den höchsten Bürotürmen Europas. Ihren modernen Hochhäusern verdankt die Stadt welchen Spitznamen?

    D.   Mainhattan

    K.   Moneytown

    P.   Main-Chicago

2 In den langen Jahren der deutschen Teilung war die Werra, die im Thüringer Wald entspringt, über weite Strecken Grenzfluss zwischen Hessen und Thüringen: Die

Frontlinie des Kalten Krieges zerschnitt Freundschaften und Familien. Sperrgebiet im Osten, „Ende der Welt" im Westen. Geblieben ist ein Fluss, der den Ökologen wegen seines immer noch hohen Salzgehaltes (Abbau von Kalisalzen) Sorge macht – aber auch ein „grünes Band" unzerstörter Natur im alten Grenzstreifen, das Touristen anzieht. Und ein Kuriosum: Die Werra bringt zusammen mit der Fulda, die in der hessischen Rhön entspringt, einem dritten Fluss das Quellwasser. Den Namenswechsel beschreibt ein bekannter Reim: „Wo Werra sich und Fulda küssen, sie ihren Namen büßen müssen. Und hier entsteht durch diesen Kuss, deutsch bis zum Meer der Weser-Fluss." So steht´s, schon seit 1899, auf dem Weserstein – in welcher niedersächsischen Grenzstadt zu Hessen?

    Y.   Eschwege

    X.   Kassel

    O.   Hann.-Münden

3 Hessen, ein lang gestrecktes und nach dem Weltkrieg II von den Alliierten neu formiertes Land in der Mitte der alten Bundesrepublik, ist umzingelt von sechs Nachbarländern: Nordrhein-Westfalen, Niedersachsen, Thüringen, Bayern, Baden-Württemberg und Rheinland-Pfalz. Im Südwesten bildet der Rhein die Grenze zu Rheinland-Pfalz, von Werra und Weser geht es hinüber nach Thüringen und Niedersachsen, im Süden über den Neckar nach Baden-Württemberg. An den Gewässern eines Flusses können sich die Hessen nicht erfreuen – welcher?

    A.   Fulda

    B.   Lahn

    C.   Elbe

4 Bei einer Lieblingsspeise sind sich Süd- wie Nordhessen einig: Grüne Sauce, eine Spezialität, die aus sieben Kräutern mit Schmant, saurer Sahne, Pflanzenöl und Eiern gemixt und kalt zu Fleisch, Fisch und Kartoffeln serviert wird. Die Kräuter: Borretsch, Kerbel, Kresse, Petersilie, Pimpinelle, Sauerampfer, Schnittlauch. Die Nordhessen verzichten bei ihrer „grienen Sose" auf Kerbel und Kresse und bevorzugen Dill und Zitronenmelisse. Während die Frankfurter auf ihre „Frankfurter Würstchen" schwören, ist die „Ahle Wurscht" (durchgedrehtes Schweinemuskelfleisch und Schweinespeck) eine nordhessische Delikatesse. Zu Rippchen mit Kraut schätzen die Frankfurter ihren herb-sauren Äppelwoi, ein „Stöffsche" aus Äpfeln. Spätestens bundesweit bekannt seit der ARD-Sendung „Zum Blauen Bock" mit Heinz Schenk und Lia Wöhr, die 30 Jahre lang (208 Sendungen bis 1987) eine der erfolgreichsten Unterhaltungsshows war. Traditionell ausgeschenkt wird „Äppelwoi" im dickbauchigen Steingut-Gefäß. Name?

U. Bembel

V. Krug

W. Becher

5 Eigentlich wollten sie nicht als „Märchenonkel" in die Geschichte eingehen, die Brüder Jacob und Wilhelm Grimm aus Hanau. Sie waren Sprachwissenschaftler und politisch aktiv in der Mitte des 19. Jahrhunderts: Jacob als Abgeordneter der Frankfurter Nationalversammlung 1848, beide Kritiker der Kleinstaaterei und Verfasser der Menschenrechte in Deutschland. Aber während ihrer Kasseler Studienjahre lauschten sie gespannt den alten Geschichten, die ihnen die „Märchentante" Dorothea Viehmann erzählte. Märchen von

bösen Stiefmüttern und Hexen, von Aschenputtel, Dornrös-
chen und Schneewittchen. Märchen von Bösen, über die das
Gute immer siegt. Die Brüder Grimm schrieben sie auf, und
1812 erschien der erste Band ihrer „Kinder- und Hausmär-
chen". Dem folgten, mehrmals umgeschrieben, weitere Bände,
die – in viele Sprachen übersetzt – ihren Siegeszug um die Welt
antraten. Und da sie nicht gestorben sind, leben Rumpelstilz-
chen, Frau Holle, Hans im Glück, Froschkönig, das tapfere
Schneiderlein und all die anderen zur Freude der Kinder bis
heute. Von den folgenden drei Märchen ist nur eines von den
Brüdern Grimm – welches?

W.   Der kleine Muck

N.   Die kleine Meerjungfrau

M.   Rapunzel

6 Mit Bayerns Berggiganten kann Hessen nicht konkurrieren, doch das Land ist reich an schönen Mittelgebirgen:
300 Berge über 300 Meter. Im Westen Taunus und Westerwald, im Süden Odenwald, im Norden Waldecksches Upland,
Kaufunger Wald, Hoher Meißner, und im Osten bei Fulda
die karge Rhön mit Hessens höchstem Berg, der Wasserkuppe
(950,2 Meter). Hier entspringen nicht nur die Fulda und 30
weitere Bäche, hier prägten während des Kalten Krieges vier
Radarkuppeln (Radome) das Bild des kargen Berges: militä-
rische Horchposten gen Osten. Ein Radom soll Touristen-
Attraktion bleiben. Vor allem hat die Wasserkuppe Tradition
in einer Sportart, die vor knapp hundert Jahren Darmstädter
Studenten zum ersten Mal zaghaft erprobten. Seither gilt sie
bei allen Flugsport-Begeisterten, die von der guten Thermik
über Hessens höchstem Gipfel schwärmen, weltweit als…

E.   Wiege des Segelflugs

G.   Wiege des Motorflugs

K.   Wiege der Drachenflieger

7 Adam hieß er, wie der Mann, den Eva im Paradies verführte, war 20 Jahre jung, als es ihn aus seiner Heimat Rüsselsheim nach Paris trieb, wo er eine Idee aufschnappte: Nähmaschinen für Frauen bauen. Das machte der gelernte Schlosser nach seiner Rückkehr mit Erfolg daheim im Kuhstall seines Onkels. Der brannte ab, da setzten seine sportbegeisterten Söhne auf Fahrräder – und stiegen auf zu den größten Drahtesel-Produzenten der Welt. Als dann um die Wende zum 20. Jahrhundert der Automobilbau begann, hatten die Söhne die Nase wieder vorn (gegen Vater Adams Widerstand, der die „stinkenden Kutschen" verachtete). Und ihre Heimatstadt Rüsselsheim (heute 60.000 Einwohner) wuchs heran zur Autostadt. In ihren besten Zeiten waren 42.000 von 50.000 Arbeitsplätzen Jobs in der Auto-Schmiede – nach der Krise sind 14.000 geblieben. Der Name der Rüsselsheimer Auto-Dynastie?

N.   Opel

F.   Ford

P.   Porsche

8 Nur zwei Buchstaben trennen sie, aber – obwohl fast Nachbarn an Hessens „Südpol" – liegen Welten zwischen ihnen: Rüsselsheim, die automobile Arbeiterstadt, und Rüdesheim, das feucht-fröhliche Winzerstädtchen im Rheingau. Wo Deutschlands beste Weinbergslagen reifen. Und schon die alten Römer die Becher kreisen ließen, was archäologische

Gläserfunde vermuten lassen. Rüdesheim – mindestens so bekannt wie der Kölner Dom und das Münchner Hofbräuhaus. Und „oans, zwoa gsuffa" ist den jährlich drei Millionen Besuchern aus aller Welt hier so vertraut wie den Bierkrug schwenkenden Hofbräuhaus-Gästen. Ihr Ziel ist vor allem eine im Krieg zerstörte und wieder aufgebaute nur drei Meter breite und 144 Meter lange, kopfsteingepflasterte Gasse, wo Weinschänke an Weinschänke zum Umtrunk einladen und das Gedränge nicht nur bei der Wahl der Weinkönigin im Sommer groß ist. Wie heißt die berühmte Straße?

S.   Niederwaldstraße
T.   Drosselgasse
V.   Rheinuferstraße

9 So streng sind in Nordhessens größter Wirtschafts- und Kulturmetropole die Bräuche: „Kasseläner" dürfen sich nur die Kinder nennen, deren Väter und Mütter beide ebenfalls in Kassel geboren wurden. „Kasselaner" ist, wer in Kassel das Licht der Welt erblickte. Alle anderen, die hier mehr oder weniger lange leben, sind Kasseler. Gemeinsam erfreuen sie sich an ihrer Stadt im Grünen, die durch die deutsche Vereinigung aus ihrer Randlage an der Grenze zu Thüringen befreit und wieder zu einem attraktiven Standort wurde. Kassels Schokoladenseite ist der Bergpark Wilhelmshöhe mit klassizistischem Schloss. Ein besonderes Spektakel im Sommer sind die Wasserspiele, wenn das Wasser über die hundert Stufen der Kaskaden zu Tal fließt. Gekrönt wird die riesige Freilufttreppe von einem Oktogon, dessen Pyramide eine 9,20 Meter hohe Statue des Herkules trägt – Kassels weithin sichtbares Wahrzeichen. Welche Eigenschaften verkörperte Herkules (griechisch Herakles), der die neunköpfige Schlange Hydra tötete und einen Löwen mit bloßen Händen erwürgte, in der Antike?

A. Besaß Kraft, Mut, Tapferkeit
X. Schickte Blitz und Donner
Z. Herrschte in der Unterwelt

Das Lösungswort:

1 ☐ 2 ☐ 3 ☐ 4 ☐ 5 ☐ 6 ☐ 7 ☐ 8 ☐ 9 ☐

Wenn Sie die fett gedruckten Buchstaben vor den jeweils richtigen Antworten in der Reihenfolge 1 – 9 hintereinander schreiben, dann haben Sie das Lösungswort. Es ist der Name für eine viel beachtete Ausstellung moderner Kunst, die alle fünf Jahre (nächste 2023) Hunderttausende Interessenten nach Kassel reisen lässt und inzwischen Weltruf erlangte.

Infos
Als erstes Land der Bundesrepublik hatte Hessen (sechs Millionen Einwohner) 1946 eine neue demokratische Verfassung. Eine Besonderheit: Sie sieht immer noch die Todesstrafe vor. Durch das Grundgesetz, das Vorrang vor Landesgesetzen hat, wurde dieser Verfassungsartikel jedoch gegenstandslos. Landeshauptstadt ist Wiesbaden und nicht das größere Frankfurt. Über die Hälfte der hessischen Bevölkerung lebt im Ballungsraum Rhein-Main. Er hat, nach dem Ruhrgebiet, auch die größte Industriedichte in Deutschland. Von besonderer Bedeutung sind chemische und pharmazeutische

Industrie, Maschinen- und Fahrzeugbau (Opel in Rüsselsheim). Am Bankenplatz Frankfurt sind alle großen deutschen und Niederlassungen vieler ausländischer Geldinstitute vertreten. Wetzlar ist Zentrum der optischen Industrie, VW produziert im nordhessischen Baunatal, in Kassel werden Lokomotiven gebaut. Hessen ist nach dem Bruttoinlandsprodukt (BIP) pro Kopf der wohlhabendste Flächenstaat Deutschlands. Nur in den Stadtstaaten Hamburg und Bremen ist das BIP höher.

Kiel
Schleswig-
Holstein

Mecklenburg-
Vorpommern

Schwerin

Bremen

Hamburg

Niedersachsen

Hannover

Berlin

Magdeburg

Potsdam

Brandenburg

Nordrhein-
Westfalen

Sachsen-
Anhalt

Düsseldorf

Sachsen

Bonn

Hessen

Erfurt

Dresden

Thüringen

Rheinland
Pfalz

Wiesbaden

Mainz

Saarbrücken

Saarland

Stuttgart

Bayern

Baden-
Würtemberg

München

NORDRHEIN-WESTFALEN:
Starkes Land mit 30 Großstädten

I Fünf Jahrzehnte lang, von 1949 bis 1999, wurde in Bonn deutsche Politik gemacht – dann begann das Möbelpacken und der Umzug aus der provisorischen in die richtige Hauptstadt des wiedervereinigten Deutschlands, nach Berlin. Doch Bonns Sorgen, in die Bedeutungslosigkeit abzustürzen, waren unbegründet: Nach wie vor arbeiten in der rheinischen Metropole wichtige Bundesministerien, neue Aufgaben als Sitz bedeutender UNO-Organisationen sind hinzugekommen, die sich im „Langen Eugen", dem ehemaligen Abgeordnetenhaus, eingerichtet haben. Bonn ist eine wachsende Metropole (über 300.000 Einwohner). Dass die Universitäts- und Beamtenstadt nach dem Krieg zur westdeutschen Machtzentrale aufstieg, verdankt sie vor allem dem zähen Einsatz eines Mannes, der im nahen Rhöndorf lebte und sich vehement gegen eine Entscheidung für Frankfurt/Main wehrte. 14 Jahre bestimmte er als Regierungschef (1949 mit einer Stimme Mehrheit, der eigenen, gewählt) die Geschicke der jungen Republik. Bei Amtsantritt war er 73, noch als 91-Jähriger saß er – bis zu seinem Tod 1967– als Abgeordneter im Bonner Parlament. Sein Name?

R. Konrad Adenauer

V. Theodor Heuss

L. Ludwig Erhard

2 Gustav Heinemann, erster sozialdemokratischer Bundespräsident nach dem Krieg, war Essener, Helmut Rahn ebenso, der bei der Fußball-WM 1954 mit dem dritten Tor

das „Wunder von Bern" vollbrachte. Für Schwarz-Weiß-Essen kickten Jens Lehmann, unser Euro-2008-Torhüter, und Oliver Bierhoff, heute Manager der Nationalmannschaft. Die berühmtesten Bewohner der Ruhrstadt sind jedoch der Gründer und die Nachfahren einer Industriellen-Dynastie, die im 19. und 20. Jahrhundert ihr Unternehmen zum zeitweise größten in Europa aufbauten: Mit nahtlosen Radreifen, Verkaufsschlager bei den amerikanischen Eisenbahnen, „Nirosta" (nichtrostendem Stahl) und vor allem mit Waffen. Als „Kanonenkönige" waren die Herren auf Villa Hügel in den Kriegen von 1866 bis 1945 mächtig und umworben von Freund und Feind. Essen (580.000 Einwohner), heute vor allem Dienstleistungsstadt und Sitz großer Strom-Konzerne, ist endgültig keine „Waffenschmiede" mehr. Welcher Familie verdankte sie diesen Ruf?

U.   Krupp
V.   Flick
Z.   Siemens

3 Sechshundert Jahre (ab 1248) ist am gotischen Kölner Dom, dem alles überragenden Wahrzeichen der größten Stadt in Nordrhein-Westfalen (eine Million Einwohner), gebaut worden – und fertig wird er wohl nie. Eine „ewige Baustelle", lästern die Kölner, die sich wohlfühlen in ihrer quirligen Kultur- und Wirtschaftsmetropole, die schon die Römer von 2000 Jahren als ihren Statthaltersitz Colonia schätzten. Vor allem einmal im Jahr rasten die fröhlichen Rheinländer aus, wenn die „fünfte Jahreszeit", der Karneval, zwischen Weiberfastnacht und Rosenmontag mit „Kölle alaaf" seinen Höhepunkt erreicht und „Kölsch" in Strömen fließt – ein Produkt heimischer Braukunst, das frisch gezapft in „Stangen"

(schmalen Gläsern) gereicht wird. Wenn Aschermittwoch wieder Ordnung geschafft werden muss, sehnt sich so mancher zurück nach den Kölner Hausgeistern, von denen es in der alten Sage heißt: „Da kamen bei Nacht, ehe man's gedacht, die Männlein und schwärmten und klappten und lärmten und rupften und zupften und hüpften und trabten und putzten und schabten... Und eh ein Faulpelz noch erwacht, war all sein Tagwerk bereits gemacht." Ja, „wie war zu Cölln es doch vordem, mit ... so bequem" – wie heißen die nächtlichen Helfer, die auch außerhalb der Domstadt viele gerne hätten?

A. Schlümpfe
C. Mainzelmännchen
H. Heinzelmännchen

4 „Stadt der tausend Feuer", wie Gelsenkirchen wegen der vielen Fackeln, über die der Bergbau das Grubengas abfackelte, hieß – vorbei. Statt Schwerindustrie konzentriert sich die Ruhrpott-Stadt auf moderne Technik, Dienstleistung und saubere Solar-Industrie. Geblieben in der bewegten Stadtgeschichte ist ein vor über 100 Jahren gegründeter Fußballverein, der zur Legende wurde: Schalke 04, so genannt nach einem Ortsteil von Gelsenkirchen. Unvergessen die großen Kicker Ernst Kuzorra und Fritz Szepan, die mit dem „Schalker Kreisel" (flache Pässe, dribbeln, täuschen, freilaufen) die Königsblauen auf Erfolgskurs schossen. Siebenmal Deutscher Meister, viermal Sieger im DFB-Pokal, UEFA-Pokal 1997. Und „Meister der Herzen", der in der Bundesliga oben mitspielt. Als Carmen Thomas 1973, damals Moderatorin im Aktuellen Sportstudio des ZDF, die „Knappen" versehentlich „Schalke 05" nannte, gab es im Revier ob dieses Versprechers fast einen

Volksaufstand. Obwohl Deutschlands zweitgrößter Sportverein heute in der neuen, supermodernen Veltins-Arena (61.482 Zuschauer) antritt, treffen sich seine traditionsbewussten Fans immer noch – wo?

    X.   In Schalke
    Y.   Bei Schalke
    R.   Auf Schalke

5 Das mit 18 Millionen Einwohnern bevölkerungsreichste deutsche Bundesland Nordrhein-Westfalen ist nach 1945 auf dem Reißbrett entstanden, gegen französischen und sowjetischen Widerstand durchgeboxt von der britischen Besatzungsmacht. Die wollte den Wirtschaftsmotor Ruhrrevier nicht abspalten, sondern einbetten in die Agrarlandschaft Westfalens, um die Versorgung der Großstädte an Rhein und Ruhr zu sichern. Das stieß auch bei den Deutschen nicht nur auf Gegenliebe. Westfalen sind eher fleißig, zurückhaltend, dickköpfig, Rheinländer lebensfroh, gesellig, leichtfertig – ganz zusammengerauft hat sich das immer noch nicht. Am besten gelang es im Schmelztiegel Ruhrpott, einer Städteballung zwischen Duisburg und Dortmund, wo auf engem Raum so viele Menschen (22 Prozent mit Migrationshintergrund) leben wie in Moskau und fast sechsmal mehr als in Hamburg. Wie viele?

    G.   10 Millionen
    H.   12 Millionen
    K.   8 Millionen

6 Es war eine mühsame Plackerei mit der Backerei des Sonntagskuchens: Damit der glückte, musste die

Hausfrau in der Apotheke Hirschhornsalz kaufen, das den Teig auftrieb und locker machte. Das brachte einen Bielefelder Apotheker Ende des 19. Jahrhunderts auf eine geniale Idee. Nach langem Herumexperimentieren hatte er ein Backpulver erfunden, das er „Backin" nannte und drei wichtige Anforderungen erfüllte: lockerer, haltbarer Teig, geschmacksneutral. Besonders clever war dann die zweite Idee: Pülverchen in Tütchen füllen, Menge auf ein Pfund Mehl bemessen, im eigenen Betrieb herstellen und für 10 Pfennig im ganzen Land anbieten. Ein Verkaufsschlager – bis heute. Für Florian Langenscheidt („Das Beste an Deutschland") ist die Bielefelder Erfindung eine von 250 Besonderheiten, „unser Land zu lieben". Welcher dieser drei Apotheker legte mit seiner Pulver-Mixtur den Grundstein für ein Großunternehmen?

F.   Emanuel Merck

E.   Dr. August Oetker

G.   Paul Beiersdorf

7 Die Düsseldorfer rühmen sich, die „längste Theke der Welt" zu sein: In den Altstadt-Kneipen wird das legendäre Altbier ausgeschenkt, eine obergärige, spritzige Spezialität. Das schmeckt auch den Japanern, die in der Landeshauptstadt ein Handelszentrum unterhalten und mit 6500 Menschen die drittgrößte japanische Gemeinde Europas bilden. Die Königsallee („Kö") ist eine bei Einheimischen wie Touristen beliebte mondäne Flanier- und Einkaufsstraße mit eleganten Geschäften, Galerien, Gaststätten und Straßencafés. Vor allem aber zeichnet Düsseldorf, die Geburtsstadt von Heinrich Heine, als „Schreibtisch" des Landes verantwortlich, das schon lange nicht mehr von Kohle und Stahl bestimmt wird, sondern mit sei-

nen Hochschulen (fast 750.000 Studenten!), Forschungs- und Technologie-Zentren zu Europas dichtester Bildungs- und Forschungslandschaft heranwuchs. Vier Jahrzehnte regierten Sozialdemokraten von Düsseldorf aus das wirtschaftsstarke Land (2017 übernahm mit Armin Laschet die CDU die Regierung). Rekordhalter mit 20 Jahren Amtszeit als NRW-Ministerpräsident war ein Politiker, der von 1999 bis 2004 als Bundespräsident auch das höchste Staatsamt bekleidete. Name?

B. Johannes Rau

Z. Wolfgang Clement

M. Peer Steinbrück

8 Münster im Nordwesten von Nordrhein-Westfalen ist eine altehrwürdige Universitäts- und Bischofsstadt. Im Dom St. Paul, Westfalens größter Kirche, wetterte Clemens August Graf von Galen, einer der führenden Männer im katholischen Widerstand, wortgewaltig gegen die Tyrannei der Nazis. Als „Löwe von Münster" wird der Kardinal, dessen Grabmal sich im Dom befindet, noch heute verehrt. Das Zentrum des flachen Münsterlandes gilt als Europas Fahrrad-Hauptstadt. Es gibt mehr Drahtesel als Einwohner (305.000) und sogar ein Fahrrad-Parkhaus. Die Innenstadt, im Krieg durch Bomben schwer zerstört, ist wiederaufgebaut: schöne Adelshöfe, Patrizierhäuser, Kirchen. An dem von Giebelhäusern und Laubengängen umrahmten Prinzipalmarkt steht das gotische Rathaus aus dem 14. Jahrhundert, Schauplatz eines bedeutenden historischen Ereignisses. Hier (und in Osnabrück) wurde 1648 der „Westfälische Frieden" geschlossen und damit ein Krieg um Vorherrschaft und Religionsfreiheit in Europa beendet, der zu furchtbaren Verwüstungen geführt hatte – welcher?

M. Der Rosenkrieg

P. Der 100-jährige Krieg

I. Der 30-jährige Krieg

9 Im Bindestrich-Land Nordrhein-Westfalen ist nicht nur „Maloche" angesagt, das arbeitsame NRW hat auch viele schöne Seiten: Wald, Seen, Talsperren, Tropfstein-Höhlen, Lavakuppen erloschener Vulkane in der Eifel und dort (seit 2004) bei Monschau an der belgischen Grenze sogar einen eigenen Nationalpark, nachdem Soldaten aus dem Nachbarland ihr Übungsschießen eingestellt haben. Berge gibt es auch, vor allem im Südosten an der Landesgrenze zu Hessen. Der Kahle Asten, mit 841 Metern höchste Erhebung im Sauerland, ist ein attraktives Skiparadies mit dem Städtchen Winterberg als Wintersport-Zentrum. Gäste aus den nahen Niederlanden nennen die Berge schwärmerisch ihre „holländischen Alpen". Durch die 100 Kilometer lange Hochsauerland-Höhenstraße ist das Feriengebiet seit 1998 touristisch erschlossen. Sie führt auch an der Quelle eines Flusses vorbei, der eine ganze Region nicht nur ihren Namen verdankt, sondern auch ihren nicht versiegenden Wasserreichtum. Name des Flusses, der bei Duisburg in den Rhein mündet?

E. Ruhr

G. Ems

K. Emscher

10 In jedem Lexikon steht Aachen ganz vorn, Deutschlands westlichste Stadt (256.000 Einwohner) nahe der holländisch-belgischen Grenze. Eine Kur- und Bäderstadt mit heißen, schwefelhaltigen Kochsalzquellen (gegen Gicht,

Rheuma, Ischias). Wimbledon der Reiterei mit dem alljährlichen Reit-, Spring- und Fahrturnier (CHIO). Mitten in der Altstadt der Dom, Wahrzeichen Aachens, als erstes deutsches Bauwerk in die UNESCO-Liste der Weltkulturgüter aufgenommen. Kaiser Karl der Große (742 – 814) hat den achteckigen Mittelbau um 800 als Pfalzkapelle bauen lassen. Er machte seine Residenzstadt zum Zentrum des Reiches. 600 Jahre lang war Aachen Krönungsort deutscher Könige. Die Erinnerung an den bedeutendsten europäischen Herrscher im frühen Mittelalter prägt die Grenzstadt bis heute. Jährlich an Christi Himmelfahrt werden im Krönungssaal des Rathauses, das um 1350 auf den Grundmauern der Palastaula der Kaiserpfalz errichtet wurde, Persönlichkeiten für ihre Verdienste um die europäische Einigung geehrt – 2008 Bundeskanzlerin Angela Merkel. Mit welchem Preis?

Z.   Orden wider den tierischen Ernst

Y.   Staatspreis des Landes NRW

T.   Karlspreis

Das Lösungswort:

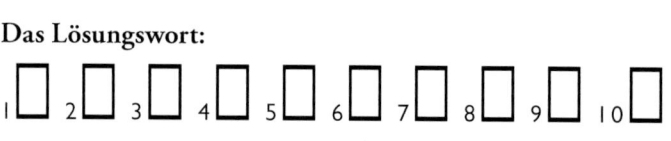

Wenn Sie die fett gedruckten Buchstaben vor den jeweils richtigen Antworten in der Reihenfolge 1 – 10 hintereinander schreiben, dann haben Sie das Lösungswort. Es ist der Name für eine Region innerhalb von Nordrhein-Westfalen, die sich durch wirtschaftliche Power hervortut und auf gutem Wege ist, durch Umstrukturierung ihre durch den Niedergang der Montanindustrie verursachten Probleme zu überwinden.

Infos

Jeder fünfte Bundesbürger lebt im dicht besiedelten Nordrhein-Westfalen. Allein 30 Städte sind Großstädte mit über 100.000 Einwohnern. Köln führt mit rund einer Million; Dortmund, Essen, Düsseldorf und Duisburg haben über 500.000. Eher dünn besiedelt sind Ostwestfalen-Lippe, das Münsterland und die bergigen Regionen im Süden. Das Bindestrich-Land hat zwar Westfalen und Rheinländer zusammengeschmiedet, aber die unterschiedlichen Temperamente und Traditionen nicht verwischt. Der Spruch eines früheren NRW-Ministerpräsidenten „Was der Rheinländer verspricht, muss der Westfale halten" macht die Gegensätze deutlich. Jeder zehnte Bürger im Land ist Ausländer, Migrationshintergrund haben 22 Prozent. Türken mit 505.000 stellen die größte Gruppe, gefolgt von Italienern (135.000) und Polen (200.000), 80.000 Syrer. In den ersten zwei Jahrzehnten nach dem Krieg war NRW das „Land von Kohle und Stahl", der Ruhrpott Europas wichtigste Industrie-Region und Motor des westdeutschen Wirtschaftswunders. Heute haben Bildungs-, Medien- und Dienstleistungssektor ein starkes Gewicht. Immer noch ist Nordrhein-Westfalen das wirtschaftsstärkste deutsche Bundesland (21,8 Prozent der deutschen Wirtschaftsleistung im Jahre 2015). Der einst dominierende Bergbau ist von 660.000 Beschäftigten auf 12.000 geschrumpft, die 2018 zur letzten Schicht eingefahren sind. Der Maschinenbau ist mit über 200.000 Mitarbeitern zum größten Industriezweig herangewachsen, ebenso viele fanden im Automobilbau (Ford Köln, Daimler Düsseldorf) Arbeit. Teutoburger Wald (wegen seiner Heilbäder der „Heilgarten Deutschlands"), Siegerland, Wittgensteiner Land und Sauerland sind gut besuchte Tourismus-Zentren. Gegessen wird im Rheinland wie in Westfalen gern deftig, getrunken vor allem Bier (Pils), in Düsseldorf Altbier, in Köln Kölsch.

Kiel
Schleswig-
Holstein

Mecklenburg-
Vorpommern

Schwerin

Bremen

Hamburg

Niedersachsen

Berlin

Hannover

Magdeburg

Potsdam

Branden-
burg

Nordrhein-
Westfalen

Sachsen-
Anhalt

Düsseldorf

Bonn

Hessen

Erfurt

Sachsen

Dresden

Rheinland
Pfalz

Thüringen

Wiesbaden

Mainz

Saarbrücken

Saarland

Stuttgart

Bayern

Baden-
Würtemberg

München

RHEINLAND-PFALZ:
Vom Weingott gesegnet

1 Einmal Pfälzer, immer Pfälzer: Helmut Kohl, 1930 in Ludwigshafen geboren, als Bundeskanzler (von 1982 bis 1998) seines Dialektes wegen von bissigen Karikaturisten oft verspottet, hat seine Heimat nie verleugnet. Und als aufmerksamer Gastgeber dafür gesorgt, dass die politische Prominenz des In- und Auslandes sein Ludwigshafen-Oggersheim, wo er immer noch zu Hause ist, kennen lernte. Der Gern- und Viel-Esser lud die Großen der Welt zu sich ein und verwöhnte sie mit allem, was Pfälzer Küche und Weinkeller hergeben. Margaret Thatcher, Britanniens Premierministerin, Michail Gorbatschow und sein Nachfolger Boris Jelzin als mächtigste Männer Moskaus, die US-Präsidenten George Bush und Bill Clinton und vor allem Frankreichs Staatspräsident Francois Mitterrand waren seine Gäste, die nicht abreisen durften, ohne Kohls Lieblingsspeise gekostet zu haben. Von Feinschmecker Mitterrand ist überliefert, dass er bei der deftigen Pfälzer Spezialität nur widerwillig zulangte. Wie heißt sie?

W. Saumagen

M. Currywurst

N. Birnen, Bohnen und Speck

2 Rheinland-Pfalz mit seinen vier Millionen Einwohnern zählt zu den kleineren Bundesländern im Südwesten Deutschlands. Ein Land aus der Retorte: 1946 von der französischen Besatzungsmacht zusammengeflickt aus der ehemals bayerischen Pfalz, den Bezirken Koblenz und Trier der preußischen Rheinprovinz, den linksrheinischen Teilen der Provinz Rheinhessen und Teilen der preußischen Provinz Hessen-Nassau. Volkes Stimme war nicht gefragt, so dass sich nur zögerlich ein Gemeinschaftsgefühl entwickelte. Erst eine Volksabstimmung 1975 brachte ein mehrheitliches Ja zum neuen Bundesland. Zunächst war Koblenz Landeshauptstadt, 1950 zogen Regierung und Parlament dann in jene Stadt am Rhein, in der vor 2000 Jahren römische Eroberer ihr Feldlager aufschlugen und die zu den bedeutendsten Söhnen Johann Gutenberg zählt, dem wir den Buchdruck mit beweglichen Lettern verdanken. Name der Landeshauptstadt?

V. Worms

P. Ludwigshafen

E. Mainz

3 „Das ist der Schinderhannes, der Lumpenhund, der Galgenstrick, der Schrecken jedes Mannes. Und auch der Weiber Stück…" So heißt es bei Carl Zuckmayer, der dem Räuberhauptmann Johannes Bückler alias „Schinderhannes" ein literarisches Denkmal setzte. Im Kinofilm (1958) von Helmut Käutner spielt Curd Jürgens den „edlen Räuber" und „Robin Hood", der Reiche ausraubt und Armen hilft; Maria Schell ist seine Frau Julchen. In Wahrheit waren „Schinderhannes", sein Kumpan Johann Peter Petri, der „Schwarze Peter" (nach dem das Kartenspiel Schwarzer Peter benannt sein soll), und ihre Gang, die im 18. Jahrhundert in den Pfälzer Wäldern plünderte, brandschatzte, raubte und mordete, alles andere als edel, hilfreich und gut. Die Franzosen, die damals im Land herrschten, machten denn auch kurzen Prozess mit ihnen. „Schinderhannes" und 19 seiner Kumpane, die er im Verhör verriet, endeten am 20. November 1803 unterm Fallbeil. Julchen, die im Zuchthaus saß, hatte ihm wenige Tage vorher einen Sohn geboren. Unter welchem Namen ging „Schinderhannes" in die Geschichte ein?

S.　Robin Hood vom Hunsrück
T.　Robin Hood vom Odenwald
U.　Robin Hood vom Taunus

4 Warum in die Toskana fahren, wenn es auch in Deutschland einen Landstrich mit mediterranem Klima gibt? Mit 1800 Sonnenstunden jährlich wirbt die Region um die „Deutsche Weinstraße" in der Pfalz um Besucher – und vor allem für ihren Wein. In 80 Kilometer Länge erstreckt sich Deutschlands älteste Weinstraße entlang der Haardt von Schweigen an der Grenze zum Elsass bis Bockenheim im Norden, und überall laden Winzer zum Schoppen ein, der in der Pfalz noch ein halber Liter ist! Gastliche Orte: Deidesheim, Neustadt an der Weinstraße, wo jedes Jahr die Weinkönigin gewählt wird, Bad Dürkheim mit dem traditionellen Wurstmarkt. In Billigheim-Ingenheim wird neben dem Pfaffenberg ein Sauschwänzel und Venusbuckel serviert. Schon die Römer haben vor zweitausend Jahren Wein in der Pfalz angebaut. Die alten Winzer erzählen noch heute augenzwinkernd, der römische Weingott habe eine besondere Liebe zur Pfalz gehabt: Als er unterwegs war, um Reben regnen zu lassen, seien ihm hier die Füllhörner entglitten. Der Name des römischen Weingotts?

S.　Apollo
T.　Bacchus
U.　Mercurius

5 Das 2000jährige Worms am Oberrhein zehrt von seiner großen Vergangenheit im Mittelalter. In dem einst bedeutenden politischen Zentrum Europas trafen sich Kaiser und Könige, hielten über hundert Reichstage ab. Der welthistorisch wichtigste war 1521, als Martin Luther seine Reform-Thesen widerrufen sollte. Und die legendären Worte sprach: „Hier stehe ich, ich kann nicht anders. Gott helfe mir." Fortan spaltete sich die Kirche in Katholiken und Protestanten. Vor allem aber schmückt sich Worms mit dem Beinamen Nibelungenstadt. An Kriemhild und Brunhild, Siegfried und Hagen, die Stars des Nibelungenlieds, erinnern Straßen, Schulen, Hotels, Brunnen, Denkmäler – die Brücke über den Rhein heißt Nibelungenbrücke. Am Rheinufer steht eine Statue des finsteren Hagen, der Siegfried ermordete. Der war nach einem Bad in Drachenblut nur an einer lindenblattgroßen Stelle zwischen den Schultern verwundbar. Womit tötete Hagen den starken Siegfried?

R. Mit einem Dolch

T. Mit dem Schwert

E. Mit einem Speer

6 Es ist Vater Rheins bestes, sein romantischstes Stück: der 65 Kilometer lange Flussabschnitt zwischen Koblenz und Bingen. Kein Wunder, dass die UNESCO die einzigartige Landschaft mit ihren Burgen und Schlössern 2002 als Kulturerbe auszeichnete. Im Binger Mäuseturm wurde einst ein Erzbischof von Mäusen zu Tode gebissen. Zur Weltberühmtheit hat es vor allem ein Felsen geschafft, an dessen Füßen sich der Rhein zu einer nur 113 Meter breiten Flussbiegung verengt, die Schiffer auch heute noch mit Respekt passieren: die Loreley bei St. Goarshausen (Lore = rufen, singen; Ley = Fels). Selbst Japaner und Amerikaner kennen das Lied von der langmähnigen blonde Fee, die einen jungen Erbgrafen aus der Pfalz und seine Ruderknechte mit ihrem Gesang so betörte, dass ihre drei Nachen am felsigen Ufer zerschellten. Aus der Legende wurde 1824 eine Ballade, deren erste Zeilen auch heute noch ein weltweiter Ohrwurm sind: „Ich weiß nicht, was soll es bedeuten, dass ich so traurig bin". Wie heißt der Dichter, der das „Lied von der Loreley" schrieb?

R. Heinrich Heine

S. Hoffmann von Fallersleben

T. Erich Kästner

7 Humba humba täterä – wenn in Mainz die „Fassenacht" und damit die „fünfte Jahreszeit" beginnt, wird selbst dem ehrwürdigen Buchdruck-Erfinder Johannes Gutenberg auf seinem Denkmal eine Narrenkappe übergestülpt. Neben Köln und Düsseldorf ist die rheinland-pfälzische Metropole eine Hochburg des Karnevals. Millionen sind am Bildschirm dabei, wenn „Mainz bleibt Mainz, wie es singt und lacht" in der Fastnacht-Schlussrunde über die Bildschirme flimmert. Unvergessen der singende Dachdeckermeister Ernst Neger mit „Heile, heile Gänsje". Und jedes Mal ein Höhepunkt, wenn zum Finale ein bunter Männerchor auftritt: „So ein Tag, so wunderschön wie heute." Name der Sänger?

M. Bläck fööss

A. Gonsbachlerchen

W. Mainzer Hofsänger

8 Auf 100.000 Einwohner kommen in Kaiserslautern 50.000 Amerikaner, die im Umfeld der alten „Barbarossastadt" leben und arbeiten: die größte US-Garnison in Europa. Im nahen Ramstein liegt der größte Nato-Flughafen außerhalb der USA. Während die Amis ihren Standort „K-Town" nennen, weil für sie Kaiserslautern unaussprechlich ist, halten sich die Bürger der modernen Industrie- und Universitätsstadt lieber an den alten Kaiser Rotbart Lobesam, der hier im 12. Jahrhundert seine Kaiserpfalz bauen ließ. Fußball-Fans erinnern sich an die großen Zeiten der „Roten Teufel vom Betzenberg", den 1. FCK, der in der Saison 2007/2008 in die 2. Bundesliga abrutschte. Fünf Kaiserslauterer Spieler waren dabei, als die „elf Freunde" des Bundestrainers Sepp Herberger am 4. Juli 1954 das „Wunder von Bern" vollbrachten. Wie hieß der Kapitän der Mannschaft, die im Endspiel um die Fußball-WM die Ungarn mit 3:2 besiegte?

A.   Fritz Walter
B.   Helmut Rahn
C.   Toni Turek

9 „Ehe Rom war, war Trier", heißt es überschwänglich in der 2000jährigen Stadt, die sich stolz „Deutschlands älteste Stadt" nennt. In der Tat: Römische Baukunst ist auch heute noch in der Mosel-Metropole nahe der luxemburgischen Grenze zu bewundern. Amphitheater, Kaiserthermen, Konstantin-Basilika und vor allem Triers Wahrzeichen, die Porta Negra, das Schwarze Tor, der größte und mächtige noch erhaltene römische Torbogen. Politische Wallfahrer mit sozialistischem Glaubensbekenntnis zieht es in der Stadt der Kirchen und Klöster zu einem barocken Bürgerhaus (heute Museum), in dem 1818 ein bedeutender Philosoph und Kritiker des Kapitalismus geboren wurde, dessen Lehren die Welt veränderten.

L. Karl Marx

F. Friedrich Engels

K. August Bebel

10 O mosella – wer die Schönheiten der Mosel mit ihren Burgen, Schlössern, Klöstern, Kirchen und Weinbergen so richtig genießen will, sollte sich zu einer Moselfahrt per Schiff aufmachen. Alles ist auf Tourismus getrimmt. In Winningen fließt die „Weinhex", und nach altem Brauch werden die Jungfrauen des Ortes per Los mit den Junggesellen verbandelt. Die hunderttürmige Bilderbuch-Burg Eltz lockt mit ihrer Waffensammlung aus dem Mittelalter. In Zell ist die „Schwarze Katz", die sogar ein Denkmal ziert, der Hauswein. Kröv hat den „Nacktarsch" zum Verkaufshit gemacht. In Bernkastel-Kues wird in Weinflaschen aufgewogen, wer beim Weinfest die meisten Pfunde auf die Waage stellt. In 545 Kilometer Länge zieht sich der größte linke Nebenfluss des Rheins, der in den Südvogesen entspringt, durch Frankreich, Luxemburg und Deutschland – und wo mündet er in den Rhein?

P. In St. Goar

K. In Andernach

D. Am Deutschen Eck in Koblenz

Das Lösungswort:

1 ☐ 2 ☐ 3 ☐ 4 ☐ 5 ☐ 6 ☐ 7 ☐ 8 ☐ 9 ☐ 10 ☐

Wenn Sie die fett gedruckten Buchstaben vor den jeweils richtigen Antworten in der Reihenfolge 1 – 10 hintereinander schreiben, dann haben Sie das Lösungswort. Es handelt sich um ein großes Waldgebiet im nördlichen Rheinland-Pfalz. Im Kannebäckerland mit dem Zentrum Höhr-Grenzhausen wird seit Jahrhunderten getöpfert. Das grau-blaue Steingut ist weltweit gefragt. Die Bayern schätzen es als Bierseidel, die Frankfurter als „Bembel" für Äppelwoi, die Westfalen füllen in den Flaschen ihren Klaren ab. Und Wanderfreunde sind hier mit dem Marschlied „Über deine Höhen pfeift der Wind so kalt" unterwegs.

Infos Rheinland-Pfalz ist das Bundesland mit dem größten deutschen Weinanbau-Gebiet, gleichzeitig aber auch ein wichtiger Industrie-Standort mit der nach Baden-Württemberg und Bayern geringsten Arbeitslosenquote. Zwischen 1950 und 2000 ist die Bevölkerung um eine Million auf vier Millionen angestiegen. Wichtigster Arbeitgeber ist die chemische Industrie (BASF) in Ludwigshafen, gefolgt von der pharmazeutischen Industrie (Boehringer Ingelheim). Außer den sechs Weinanbau-Regionen Ahr, Mittelrhein, Mosel-Saar-Ruwer, Nahe, Rheinhessen und Pfalz gibt es bedeutsame Sektkellereien. Eine wichtige Rolle spielt der Fremdenverkehr an Rhein und Mosel. Mit Andernach, Boppard, Koblenz, Mainz, Speyer, Trier

144

und Worms liegen die meisten der ältesten Städte Deutschlands in Rheinland-Pfalz; überall haben die römischen Eroberer ihre Spuren hinterlassen. 44 Nachkriegsjahre lang bestimmte die CDU die Politik im Land, u.a. mit Helmut Kohl als Regierungschef (1969 – 1976). 1991 kam die SPD ans Ruder. Kurt Beck war bis 2013 Ministerpräsident, dann übernahm eine Frau das Ruder: Manu Dreyer.

Kiel
Schleswig-
Holstein

Mecklenburg-
Vorpommern

Schwerin

Bremen

Hamburg

Niedersachsen

Hannover

Magdeburg

Berlin

Potsdam

Nordrhein-
Westfalen

Düsseldorf

Sachsen-
Anhalt

Brandenburg

Bonn

Hessen

Erfurt

Thüringen

Sachsen

Dresden

Rheinland
Pfalz

Wiesbaden

Mainz

Saarbrücken

Saarland

Stuttgart

Bayern

Baden-
Würtemberg

München

SAARLAND:
Die Spätheimkehrer

I Es hat lange gedauert, bis das jüngste der alten Bundesländer „heim ins Reich" kehrte. Nach dem zweiten Weltkrieg war das Saarland zunächst als französisches Protektorat politisch und wirtschaftlich an Frankreich gekettet, dann mit einem eigenen Status, eigenen Pässen, eigener Währung, eigener Verfassung, eigener Hymne, einer blau-weiß-roten Flagge und sogar (1952 in Helsinki) mit eigener Olympiamannschaft ausgestattet. Erst eine Volksabstimmung brachte den Durchbruch: Ein Saarstatut, mühsam zwischen der Regierung Adenauer und Frankreich ausgehandelt (außerstaatliches Territorium, Standort europäischer Institutionen, wirtschaftliche Anbindung an Frankreich) lehnten 67,7 Prozent der Saarländer ab. Damit war im Januar 1957 der Weg frei für den Beitritt zur Bundesrepublik (nach Artikel 23 Grundgesetz, der 1990 auch der DDR den Beitritt ermöglichte). Wie viele Länder zählte die alte Bundesrepublik bis zur Wiedervereinigung mit den fünf Ost-Ländern und ganz Berlin?

    S.   zehn
    K.   elf
    L.   neun

2 Sie hat es bisher als einzige deutsche Vertreterin geschafft, beim Eurovision Song Contest den begehrten Grand Prix zu gewinnen: Nicole, bürgerlich Nicole Seibert, in Saarbrücken geboren, heute (verheiratet, zwei Töchter) im saarländischen Nohfelden-Neunkirchen zu Hause, wo die nach wie

vor erfolgreiche Sängerin Ehrenbürgerin ist. 1982 beim Song-Festival im englischen Harrogate erhielt sie mit Ausnahme von Luxemburg aus jedem Land Punkte, aus neun Ländern die Höchstpunktzahl. 17 Jahre war sie damals jung, stand mit blonden „engelsgleich gebürsteten" Haaren, wie ein Kritiker schrieb, und ihrer weißen Gitarre allein auf der Bühne und sang auf Deutsch ein Lied, das den Zeitgeist traf. Nach dem Sieg trug sie es noch auf Englisch, Französisch, Niederländisch und Spanisch vor. Der Titel des Super-Hits?

B. Mitten ins Herz

C. Flieg nicht so hoch…

A. Ein bißchen Frieden

3 Er genoss es sichtlich, daheim zu sein: nach fünf Jahrzehnten wieder „dehemm" im saarländischen Neunkirchen, wo er 1912 als viertes von sechs Kindern eines Bergmanns das Licht der Welt erblickte. Hier wuchs er auf, lernte Dachdecker und war als junger Kommunist in seiner Heimat aktiv, bis ihn die Nazis 1935 verhafteten und zehn Jahre im Zuchthaus Brandenburg einsperrten. Danach machte er im anderen Deutschland politische Karriere – bis hinauf in die höchsten Ämter der DDR. Und nun, 1987 endlich, nachdem Moskau jahrelang seinen Staatsbesuch im Westen blockiert hatte, war er Gast in der damaligen Bundeshauptstadt Bonn – mit sentimentalem Abstecher nach Neunkirchen-Wiebelskirchen, wo Schwester Gertrud ihm Kaffee kochte und die Wiebelskirchener Schalmeienbläser ihm zu Ehren den Steigermarsch spielten. Das Grab der Eltern besuchte er, und vorm bescheidenen Elternhaus, das der Großvater gebaut hatte, pflückte er im Garten einen Apfel. „Fühle Se sich wie dehemm", hatte Oskar Lafontaine, 1987 Ministerpräsident an der Saar, den Staatsgast begrüßt – und der war plötzlich gar nicht mehr so steif wie man ihn sonst immer erlebte: „Ja, dehemm." Wer war der hohe DDR-Politiker, der zwei Jahre später abdanken musste?

- **A.** Erich Honecker
- **B.** Willi Stoph
- **C.** Egon Krenz

4 Das waren noch goldene Zeiten an der Saar, als wegen der reichen Kohleschätze und des Eisenerzes, das aus dem nahen Lothringen und Luxemburg leicht herangeschafft werden konnte, die Montanindustrie boomte. Vorbei. Viele Hütten und Gruben sind geschlossen. Immerhin: Völklingen schaffte es, seine 1986 stillgelegte, einst supermoderne Eisenhütte zu erhalten und die sechs Hochöfen als einzigartiges Zeugnis der Technikgeschichte zum Besucher-Magneten des Saarlandes zu machen (jährlich 250.000). Die UNESCO anerkannte 1994 die „einzige stillgelegte Eisenhütte in ganz Europa und Nordamerika, in der die Originalausstattung noch erhalten ist" als Weltkulturerbe. Wegen der Bedeutung der Montanindustrie für den Wiederaufbau nach dem Krieg schlossen sich sechs europäische Staaten bereits 1951 zu einer Gemeinschaft zusammen – Grundstein für den weiteren Einigungsprozess in Europa. Der gängige Name dieser europäischen Institution für Kohle und Stahl?

- **R.** Montanunion
- **Y.** Europäische Wirtschafts-Gemeinschaft (EWG)
- **X.** Europäische Union (EU)

5 Sie ist die bekannteste Sehenswürdigkeit des Saarlandes: die Saarschleife. Kurz hinter Merzig beginnt sie und endet in Mettlach. Das sind nur zwei Kilometer Luftlinie. Aber die Saar macht an dieser Stelle eine 180 Grad Wende und einen romantischen Umweg von zehn Kilometern. Traumhaft der Blick vom Aussichtspunkt Cloef im Mettlacher Ortsteil Orscholz, 180 Meter über dem Fluss. Soviel Postkartenidylle wissen auch Politiker zu schätzen, die sich hier publikumswirksam ablichten lassen. Kanzler Konrad Adenauer posierte 1965 mit Saarprominenz. Kanzlerin Angela Merkel traf sich 2006 mit Frankreichs Staatspräsident Jacques Chirac und dem polnischen Präsidenten Lech Kaczynski. Unvergessen Fernsehbilder und Fotos zweier Polit-Stars, die sich gemeinsam mit ihren Frauen 1997, als „noch kein Blatt zwischen ihnen passte", mediengerecht vor der Traumkulisse in Szene setzten. Wer waren die zwei, die es danach nicht lange miteinander aushielten?

S.   Schröder und Lafontaine
T.   Kohl und Stoiber
U.   Scharping und Schröder

6 Heute müssen die Saarländer nicht mehr ins nahe Frankreich ausweichen, um mal richtig lecker zu essen – die heimischen Köche haben mächtig aufgeholt und konkurrieren mit kulinarischer Raffinesse. Geblieben ist auch die deftige, kalorienreiche Hausmannskost aus Zeiten, als Männer unter Tage vor Kohle oder am Hochofen schwer schuften mussten. Zum Beispiel Dibbelabbes (Reibekuchen), immer noch Nationalgericht. Oder Hoorische (Kartoffelklöße). Oder Geheirade („Verheiratete", Kombi aus Mehlklößen und Kartoffeln mit

Specksoße). Auch Löwenzahnsalat, der im Saarland Bettseichersalat heißt, weil er harntreibend wirkt, schmeckt nach wie vor. Als Mitbringsel empfehlen Saarländer ihren Gästen eine Wurst, die zwar im Nachbarland erfunden wurde und den Namen der drittgrößten Stadt Frankreichs trägt, aber inzwischen eine begehrte heimische Spezialität ist. Aus der Stadt an der Rhone (mit vier Buchstaben) stammt übrigens der weltberühmte Sterne-Koch Paul Bocuse. Name der Wurst, die es nur im Ring, als ganzen oder halben, gibt?

Y.   Salami

T.   Lyoner

Z.   Pressack

7 Saarbrücken, Hauptstadt des flächenmäßig kleinsten Bundeslandes, gehörte viermal im Lauf der Geschichte zu Frankreich, war immer wieder Opfer von Kriegen. Heute sind die Wunden verheilt, die Altstadt ist saniert, die Saarmetropole eine quirlige Universitäts- und Messestadt. Und offene Grenzstadt: Die französischen Nachbarn kommen „riwwer", die Saarbrücker fahren „niwwer". Mit Stolz blicken sie auf ihre Vergangenheit, auf die geretteten Bauwerke aus dem 18. Jahrhundert, die sie der Bauwut ihrer Obrigkeit verdanken. Fürst Ludwig verkuppelte, um an Geld zu kommen, sogar seinen elfjährigen Erbprinzen an eine steinreiche 19jährige französische Prinzessin. Die Ludwigskirche, schönstes barockes Gotteshaus Süddeutschlands, trägt seinen Namen. 2009 wird sie Prägemotiv einer Euro-Münze, die vierte in der Sondermünzserie der 16 Bundesländer, die 2021 abgeschlossen ist (2006 Start mit dem Lübecker Holstentor, 2007 Schweriner Schloss, 2008 Hamburger Michel). Welche Euro-Münze ziert Saarbrückens Ludwigskirche?

A. Zwei-Euro-Münze

B. Ein-Euro-Münze

C. Zwei Eurocent-Münze

8 Ein schweres Grubenbeben im Februar 2008, wahrscheinlich verursacht durch den Durchbruch einer Sandsteinbank unter dem aktuellen Kohleabbau, beschleunigt das Ende des traditionsreichen Bergbaus an der Saar. Im Sommer 2012 mussten die zuletzt verbliebenen 3600 Kumpel (sie waren mal über 50.000!) zur letzten Schicht einfahren. Dann droht bald auch das Aus für die ureigene Bergmannssprache, die sich in Jahrhunderten entwickelte. Oberirdisch heißt über Tage, unterirdisch unter Tage. Wetter nennt der Kumpel die Luft zum Atmen an seinem harten Arbeitsplatz. Die Lore ist kein weiblicher Vorname, sondern ein über Schienen rollender Förderwagen, auch Hund genannt. Auf der Rutsche tummeln sich nicht etwa Kinder, über solche Blechbahnen rutscht abgebaute Kohle zur tiefer liegenden Strecke. In der Kaue hängt der Hauer (Bergmann) seine Klamotten auf. Sein Werkzeug nennt er Gezähe. Welches sind die bekanntesten Werkzeuge des Kumpels, die mit gekreuzten Stielen das Symbol des Bergbaus schlechthin sind?

H. Schlägel und Eisen

G. Arschleder

E. Stempel

9 Not macht nicht nur erfinderisch, sie schweißt auch zusammen: Im Drei-Länder-Eck Saarland, Frankreich mit Lothringen (französisch Lorraine, abgekürzt Lor) und dem Großherzogtum Luxemburg (Kürzel Lux) haben gemeinsames Leid durch Kriege und die Wirtschaftskrise der Montan-Industrie schon 1980 zu einer für Europa vorbildlichen Zusammenarbeit geführt. Ein Dreiecksverhältnis, das den Anrainern politische, ökonomische und kulturelle Vorteile bringt. Sprachliche Probleme gibt es nicht, weil in Lothringen (lange Zankapfel zwischen Deutschland und Frankreich) und Luxemburg (immer wieder Spielball der Großmächte) auch Deutsch gesprochen wird, und die Saarländer in der Schule als erste Fremdsprache Französisch lernen. Drei Länder, die ein nachahmenswertes Modell vorleben für das Zusammenwachsen von Grenzregionen, die sich einmal feindlich gegenüberstanden. Für ihre Großregion werben sie mit einem Kürzel, das ihre Nachbarschaft deutlich macht.

L. Saar-Lor-Lux

Q. Klein-Europa

Y. Montandreieck

Das Lösungswort:

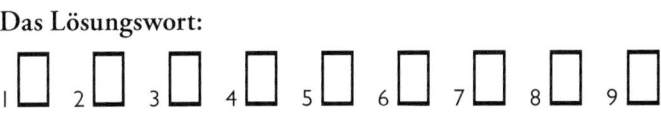

Wenn Sie die fett gedruckten Buchstaben vor den jeweils richtigen Antworten in der Reihenfolge 1 – 9 hintereinander schreiben, dann haben Sie das Lösungswort. Es hat mit dem Produkt eines Montan-Unternehmens zu tun, das im Saarland immer noch über 6000 Menschen beschäftigt und zu den größten Arbeitgebern zählt. Ein Produkt, das weltweit in der Automobil-, Bau-, Luft- und Raumfahrt-Industrie gefragt ist.

Infos

Das jüngste der alten Bundesländer hat nur etwas mehr als eine Million Einwohner. Der Nachbar im Norden, Rheinland-Pfalz, zeigt immer mal wieder Appetit, sich dieses kleinste bundesdeutsche Flächenland einzuverleiben, was auf heftigsten Widerstand der Saarländer stößt. Der größte Ballungsraum sind die Achsen Dillingen – Saarbrücken und Saarbrücken – Neunkirchen, auch unter dem Namen „Lyoner Achse" bekannt, abgeleitet von der Vorliebe der Saarländer für eine bestimmte Wurstsorte. Bundesweit gibt es im Saarland die meisten Eigenheim-Besitzer. Die Stahl- und Kohlebarone sorgten in den Blütezeiten der Montan-Industrie dafür, dass die Arbeiter billig Boden und Häuser erwerben konnten. Das Saarland verfügt über die höchste Autobahndichte unter den Bundesländern. Die Wirtschaft hat sich erfolgreich weg entwickelt von der einseitigen Ausrichtung auf Kohle und Stahl hin zu modernen Industrien und Dienstleistungen. Automobilbau ist zum wichtigsten Bereich herangewachsen (Ford in Saarlouis). Bedeutend auch Keramik-Industrie (Villeroy & Boch) und Informatik (SAP in St. Ingbert). Das Saarland war auch unter französischer Besatzung immer deutschsprachig. Der bekannteste Saarländer ist neben Ex-DDR-Staatschef Erich Honecker der frühere Chef der Partei Die Linke, Oskar Lafontaine, der das Saarland 14 Jahre lang (bis 1998) als Ministerpräsident regierte.

Kiel
Schleswig-
Holstein

Mecklenburg-
Vorpommern

Schwerin

Bremen

Hamburg

Niedersachsen

Berlin

Hannover

Magdeburg

Potsdam

Brandenburg

Nordrhein-
Westfalen

Sachsen-
Anhalt

Düsseldorf

Sachsen

Bonn

Erfurt

Dresden

Hessen

Thüringen

Rheinland
Pfalz

Wiesbaden

Mainz

Saarbrücken

Saarland

Bayern

Stuttgart

Baden-
Würtemberg

München

BADEN-WÜRTTEMBERG:
Alles außer Hochdeutsch

I Die Verse „schmückten" viele Jahre das Heilbronner Bürgerhaus, in dem der berühmte Ritter „mit der eisernen Hand" aus dem nahen Jagsthausen mal gewohnt hat: „Aber eh ich soll verrecken, könnt ihr mich am Arsche lecken. Goethe hört dies große Wort, gibt ihm einen Dichterhort, und er schafft mit dieser Tat Deutschlands häufigstes Zitat." Die Verse werden Theodor Heuss, dem ersten Bundespräsidenten der Bundesrepublik Deutschland, zugeschrieben. Einer seiner Nachfolger, Roman Herzog (Bundespräsident von 1994 bis 1999), war in zweiter Ehe mit Alexandra, einer Nachfahrin des Burgherrn, verheiratet, der während der schwäbischen Bauernkriege im 16. Jahrhundert nicht zimperlich mit seinen Gegnern umging und durch eine Kanonenkugel die rechte Hand verlor, die durch eine Eisenhand ersetzt wurde. Die kleine Gemeinde Jagsthausen (1764 Einwohner) im nördlichen Baden-Württemberg verdankt Goethes Schauspiel über den Ritter, dessen Kraftausdruck im dritten Akt auch als „schwäbischer Gruß" bezeichnet wird, jedes Jahr einen großen Besucherandrang bei ihren traditionellen Burgfestspielen. Wie heißt der Held des Dichterfürsten?

A. Hotzenplotz

R. Götz von Berlichingen

Z. Schinderhannes

2 Baden-Württemberg musste lange warten, bis das „Ländle" in seinen heutigen Grenzen von allen akzeptiert war. Amerikaner und Franzosen hatten nach dem Zweiten

Weltkrieg ihre Besatzungszonen im Südwesten in zwei Länder, Württemberg-Baden sowie Württemberg-Hohenzollern und Baden, aufgeteilt, die erst 1952 – drei Jahre nach Gründung der Bundesrepublik – zum Bindestrichland Baden-Württemberg vereint wurden. Doch dagegen klagte der „Heimatbund Badnerland", der Baden als selbstständiges Bundesland behalten wollte. Der Rechtsstreit vor den höchsten Gerichten zog sich bis 1970 hin: Eine Volksabstimmung brachte endlich ein eindeutiges Ja zum einheitlichen Südwest-Staat. Er wird von drei Bundesländern begrenzt. Zwei der hier genannten sind richtig, eines ist falsch – welches?

A.   Bayern
B.   Rheinland-Pfalz
E.   Saarland

3 Der Bodensee, das „Schwäbische Meer", Deutschlands größter Binnensee, 252 Meter an der tiefsten Stelle. Zauberhafte Orte an den 263 Kilometer langen Küsten. „Es ist doch eine schöne, schöne Gegend", schwärmte die westfälische Dichterin Annette von Droste-Hülshoff, die ihre letzten Lebensjahre im Turm des Alten Schlosses von Meersburg verbrachte. Der mediterrane Süden lässt grüßen: Auf der Insel Mainau, dem weltbekannten Blumenparadies, wachsen im milden Klima subtropische und sogar tropische Pflanzen. Im Zeppelin-Museum von Friedrichshafen ist die Geschichte der „silbernen Zigarren" lebendig: Luftschiffe, im Ersten Weltkrieg gefürchtet, weil sie in 7000 Meter Höhe für den Gegner unerreichbar waren. Tief eintauchen in die Geschichte können Besucher am Seeufer in Unteruhldingen, wo in der Steinzeit (3500 v. Chr.) und Bronzezeit (1050 bis 850 v. Chr.) Menschen aus Feuerstein, dem „Stahl der Steinzeit", messerscharfe Klingen für Sicheln, Dolche und Pfeilspitzen herstellten. Ein festes Dach überm Kopf schufen sie sich auch schon – wie heißen die berühmten Unteruhldinger „Häuser", die originalgetreu nachgebaut wurden?

I. Pfahlbauten

E. Wigwam

F. Jurte

4 Köpfchen bewiesen sie immer schon, die Menschen in Deutschlands Südwestecke. Durch Erfindungsreichtum steigerten sie ihr Sozialprodukt aufs höchste aller Bundesländer – und manchmal war er auch lebensrettend. Glaubt man einer alten Legende, zog ein Bäckermeister in Bad Urach am Fuß der Schwäbischen Alb seinen Kopf aus der Schlinge, weil ihm beim Blick auf die verschränkten Arme seiner verzweifelten Frau der zündende Einfall kam. Hofbäcker Frieder hatte nämlich seinen Fürsten tödlich beleidigt. Der gab ihm eine letzte Chance: „Back einen Kuchen, durch den die Sonne dreimal scheint. Dann sei dir dein Leben geschenkt." Der Bäcker machte sich ans Werk, nahm Weizenmehl, Malz, Salz, Backhefe, Wasser und Schweineschmalz und formte aus dem Teigstrang, immer die verschränkten Arme seines weinenden Weibes vor Augen, ein Backwerk, das den Fürsten gnädig stimmte. Mit körnigem Salz bestreut und ofenwarm ist es nach wie vor überall beliebt. Viele Bäcker schmücken damit als Zeichen ihrer Zunft ihren Laden. Womit rettete Hofbäcker Frieder sein Leben?

Q. Donats

C. Brezel

Z. Schnecke

5 Wo 32.000 Kilometer Wanderwege (drei Viertel des Erdumfangs!) ausgeschildert sind, bleiben die Rucksack-Touristen nicht fern: der Schwarzwald, ein Wander-Paradies. Und mehr: Feinschmecker-Geheimtipp. Die mehrstöckige Kirschtorte, das Kirschwasser, deftiger Schinken. Kuckucksuhren (die größte steht in Schonach, ist drei Meter hoch) und Bollenhüte gibt's auch (rote Kugeln tragen unverheiratete, schwarze verheiratete Frauen). Kein Wunder, dass Film und Fernsehen bei so viel Beliebtheit als Feriengebiet immer wieder im Schwarzwald „wildern": „Schwarzwaldmädel", „Forellenhof" und „Die Schwarzwaldklinik" im Glottertal, mit 70 Folgen die erfolgreichste ZDF-Serie aller Zeiten, die in 38 Länder exportiert wurde. Dauer-Werbung für das wald- und seenreichen Mittelgebirge nahe der Grenze zu Frankreich. Hoch hinauf geht es im Schwarzwald auch, ins Skigebiet bis auf 1493 Meter. Der Name des höchsten Berges?

H. Feldberg
K. Schauinsland
L. Großer Arber

6 Eine 6,50 Meter hohe Pyramide aus rotem Sandstein auf dem Marktplatz in der City, Grabstätte des Stadtgründers Karl Wilhelm, Markgraf von Baden-Durlach. Das markgräfliche Schloss, auf das 32 wie ein Fächer angeordnete Straßen und Alleen zulaufen: Karlsruhe, heute drittgrößte Stadt Baden-Württembergs, war lange Residenzstadt des ehemaligen Landes Baden. Eine Stadt, schon 1715 Modell für Europas Zukunft. Markgraf Karl Wilhelm garantierte in einem „Privilegienbrief" Rechte, die in vielen Ländern erst

Jahrhunderte später mühevoll erkämpft wurden: persönliche und wirtschaftliche Freiheit, Gleichheit vor dem Recht, politische Mitsprache. Kein Wunder, dass sich die Gründungsväter der Bundesrepublik an Karlsruhes große Tradition erinnerten und die Stadt zur „Residenz des Rechts" machten. 1950 nahm der Bundesgerichtshof, letzte Instanz für alle Prozesse der Straf- und Ziviljustiz, seine Arbeit auf. Ein Jahr später das höchste Gericht, das bisher mit Klugheit und Strenge das für alle verbindliche Wort über unsere Grundrechte spricht. Name dieses neben Bundespräsident, Bundeskanzler, Bundestag und Bundesrat obersten Staatsorgans?

E.   Bundesverfassungsgericht
B.   Bundessozialgericht
K.   Generalbundesanwalt

7 Tief hinab geht es nahe Reutlingen in die Bärenhöhle, der berühmtesten Tropfstein-Höhle der Schwäbischen Alb, einem Mittelgebirge, das sich vom Hochrhein bei Schaffhausen nach Nordosten bis zur Landesgrenze von Baden-Württemberg und Bayern erstreckt. Entdeckt hat sie ein Hobby-Höhlenforscher, der Fledermäuse verfolgte, die durch einen Spalt verschwanden. Er kroch hinterher und fand 30 Bärenskelette, die bis zu 20.000 Jahre alt waren. Geschichte zum Anfassen im Reich der Stalaktiten und Stalagmiten (Stalagmiten = auf dem Boden einer Höhle stehender Tropfstein, Stalaktiten sind die ihm entgegen wachsenden Deckenzapfen; bis sie richtig groß sind, dauert es einige tauend Jahre). Hoch hinauf (855 Meter) geht es im benachbarten Hechingen, zur Stammburg eines der ältesten Hochadelsgeschlechter, das vor tausend Jahren zum ersten Mal erwähnt wurde. In der märchenhaft anmutenden

Gipfelburg, die Preußens Könige im 19. Jahrhundert auf den Ruinen der mittelalterlichen Festung bauen ließen, drängeln sich jedes Jahr bis zu 300.000 Besucher. Hier befanden sich bis zur Überführung 1991 nach Potsdam die Särge der Könige Friedrich Wilhelm I. und Friedrich des Großen. Der Name des berühmten Adelsgeschlechtes und ihrer Stammburg, die heute noch im Familienbesitz ist?

N. Hohenzollern
M. Habsburg
P. Welfen

8 Der Teddybär mit dem Knopf im Ohr, erfunden im schwäbischen Giengen an der Brenz und von Kindern weltweit geknuddelt: In Florian Langenscheidts Buch „Das Beste an Deutschland" wird er als einer von 250 Gründen aufgeführt, „unser Land heute zu lieben". Als Margarete Steiff vor über hundert Jahren ihre ersten Bären aus flauschigem Mohairplüsch schneiderte, blieb das Interesse zunächst unterkühlt. Bis ein begeisterter Amerikaner auf der Leipziger Messe gleich 3000 Stück orderte und damit dem Teddy zu seinem Siegeszug um die Welt verhalf. Den Amis verdankt er auch seinen Namen. Kein Geringerer als ein Friedensnobelpreisträger und populärer US-Präsident, der die Vereinigten Staaten von 1901 bis 1909 regierte, ein passionierter Bärenjäger war und deswegen den Spitznamen „Teddy" erhielt, ist sein Pate. Name?

A. Theodor Roosevelt
B. Bill Clinton
C. John F. Kennedy

9 Tübingen, 40 Kilometer südlich von Stuttgart am Neckar gelegen, ist eine alte Universitätsstadt mit einer der ältesten deutschen Hochschulen (1477 gegründet). Und Deutschlands Stadt mit der jüngsten Bevölkerung: Mehr als jeder vierte Einwohner ist Student an der renommierten Eberhard Karls Universität oder des Tübinger Stifts (seit 1536) der Evangelischen Landeskirche Württemberg, die große Dichter und Denker und führende Köpfe der Gesellschaft hervorbrachten. Papst Benedikt XVI. hat hier gelehrt, ebenso der 2017 verstorbene Ex-Bundespräsident Roman Herzog; sein Amtsnachfolger Horst Köhler studierte Volkswirtschaft und ist Honorarprofessor an seiner alten Uni. Der Hölderlin-Turm, bekanntestes Fotomotiv und Wahrzeichen der Stadt, erinnert an den großen Lyriker. Auch die Dichter Wilhelm Hauff, Ludwig Uhland und Eduard Mörike sind durch die Tübinger Alma Mater geprägt worden. In der Stadt mit den romantischen Gassen schrieb Mörike auch sein bekanntestes Gedicht, das in keinem Lesebuch fehlt. Wie fängt es an?

U.   Frühling lässt sein blaues Band…
Z.   Sah ein Knab ein Röslein stehn…
B.   Als Kaiser Rotbart Lobesam…

Das Lösungswort:

1 ☐   2 ☐   3 ☐   4 ☐   5 ☐   6 ☐   7 ☐   8 ☐   9 ☐

Wenn Sie die fett gedruckten Buchstaben vor den jeweils richtigen Antworten in der Reihenfolge 1 – 9 hintereinander schreiben, dann haben Sie das Lösungswort. Es handelt sich um die größte Bodensee-Insel, UNESCO-Weltkulturerbe und bekannt durch ihr Kloster und die hochmittelalterlichen Buchmalereien.

Infos

Baden-Württemberg, nach Einwohnerzahl (10,7 Millionen) und Fläche drittgrößtes Bundesland im Südwesten mit Grenzen zu Frankreich (Elsass) und Schweiz. Ein reiches Land, in dem die Menschen nach offiziellem Werbeslogan „alles können außer Hochdeutsch". Dafür können sie fleißig „schaffe" (Schaffe, schaffe, Häusle baue). Arbeitslosigkeit unter vier Prozent. Automobil-Edelmarken wie Mercedes-Benz und Porsche sind hier zu Hause, ebenso Bosch. Das Land gilt in der Europäischen Union als innovativste Region im Bereich der industriellen Hochtechnologie, Forschung und Entwicklung. Vier der bekanntesten Widerstands-Kämpfer gegen die Nazi-Diktatur haben ihre Wurzeln im Südwesten: Schenk Graf von Stauffenberg (20. Juli 1944), die Geschwister Scholl, die in Forchtenberg, Ludwigsburg und Ulm aufwuchsen, und Hitler-Attentäter Georg Elser (1939 Bürgerbräukeller München). Im bürgerlich-konservativen Baden-Württemberg wurde 2011 und 2016 mit Winfried Kretschmann erstmals ein Grünen-Politiker zum Regierungschef eines Bundeslandes gewählt – nach 58 Jahren CDU Herrschaft. Landeshauptstadt ist Stuttgart. Touristisch reizvoll sind vor allem Schwarzwald und Bodensee, aber auch Heidelberg, Freiburg und Baden-Baden. Schwäbische Gastronomie und die Weine des Landes erfreuen sich großer Beliebtheit.

Kiel
Schleswig-
Holstein

Mecklenburg-
Vorpommern

Schwerin

Bremen

Hamburg

Niedersachsen

Berlin

Potsdam

Hannover

Magdeburg

Nordrhein-
Westfalen

Sachsen-
Anhalt

Brandenburg

Düsseldorf

Sachsen

Bonn

Hessen

Erfurt

Dresden

Thüringen

Rheinland
Pfalz

Wiesbaden

Mainz

Saarbrücken

Saarland

Stuttgart

Bayern

Baden-
Würtemberg

München

BAYERN:
Hightech und Lederhose

Die Globalisierung, dieser gnadenlose weltumspannende Waren- und Geldverkehr, ist keine Erfindung der Neuzeit. Alles schon mal da gewesen. In Augsburg zum Beispiel, wo Jakob Fugger „der Reiche" (1459 – 1525) in der Blütezeit der alten Reichsstadt am Lech Europas reichster und bedeutendster Kaufmann und Bankier war. Sein multinationaler Konzern erstreckte sich von Osteuropa bis nach Amerika. Er finanzierte Kaiser und Kirchenfürsten, die bei ihm tief in der Kreide standen, und machte Martin Luther wütend, „man müsste dem Fugger und dergleichen Gesellschaft einen Zaun ins Maul legen". Neun von zehn Menschen lebten damals im Elend, überall in Deutschland gab es Aufstände der Bauern und Handwerker. Immerhin stiftete Fugger, in Sorge um sein Seelenheil, die so genannte Fuggerei, die erste Sozialsiedlung der Welt. Noch heute leben in den 67 Häusern mit 140 Wohnungen unverschuldet in Not geratene Augsburger für eine Jahresmiete von einem Rheinischen Gulden (0,88 Euro). Dass die Landeshauptstadt München 2008 mit Stolz ihre Geburt vor 850 Jahren feierte, lässt die die Einwohner der drittgrößten Stadt Bayerns nur milde lächeln – die Gründungsväter von „Augusta Vindelicum" waren römische Besatzer. Wie alt ist Augsburg, eine der ältesten deutschen Städte?

W.   Über 2000 Jahre

K.   Über 1500 Jahre

R.   Über 1000 Jahre

2 Der Freistaat Bayern, das flächenmäßig größte deutsche Bundesland, 12,8 Millionen Einwohner (nur Nordrhein-Westfalen hat mehr). Konservativ und zugleich modern: Hightech und Lederhose sind eine harmonische Ehe eingegangen. CSU-Land (2003: 60,7 Prozent, 2013 allerdings unter die 50-Prozent-Marke abgerutscht) und nach wie vor selbstbewusst gegenüber der großen Schwester CDU. Geschichtsträchtiges Land mit großer kultureller Vergangenheit. Attraktives Reiseland: Berge und Seen im Süden, die immer Saison haben. Die schöne, blaue Donau ist der Hauptfluss, der sich bei Passau nach Österreich verabschiedet. Wie war das noch, was wir in der Schule über die Nebenflüsse der Donau paukten? Iller, Lech, Isar… fließen rechts zur Donau hin. Und von links kommen entgegen Wörnitz, Altmühl, Naab und Regen. Wie heißt der vierte Fluss, der rechts zur Donau hin fließt?

    A.   Regnitz
    B.   Main
    E.   Inn

3 Wie man eine Weißwurst richtig isst? So rät es das Münchner Fremdenverkehrsamt auf original bayrisch: „Neman's de Wuaschd in d´Finga. Schdeggan se's in Sempft. Zusin's a bissal aus da Wuaschdhaut." Alles klar? Also in die Finger nehmen, Senf drauf und zuzeln (mit den Zähnen aus der Pelle, die nicht mitgegessen wird, ziehen). Eine Zufallserfindung, die München zur Weißwurst-Metropole machte. Weil dem Moser Sepp am Rosenmontag 1857 im Gasthaus „Zum ewigen Licht" die Schafsdärme ausgegangen waren, er die Gäste aber nicht warten lassen wollte, füllte er Kalbfleisch, Schweinerückenspeck, gekochte Schweineschwarte und

Gewürze in Schweinedärme. Aus Sorge, dass die beim Braten platzen würden, brühte er sie in heißem Wasser. Münchens Wirte haben dafür gesorgt, dass ihre Weißwurst heute patentrechtlich geschützt ist. Zum Runterspülen empfiehlt das Fremdenverkehrsamt: „Mid Weißbia obeschwoam." Zum stilvollen Weißwurst-Essen gehören noch Beilagen, und zwar

T.   Brezel und süßer Senf
L.   Sauerkraut
M.   Knödel

4 Ihre Ernennung zur Stadt der „Reichsparteitage" durch die Nazis hat Nürnberg, Bayerns zweitgrößte Stadt (500.000 Einwohner), am Ende des Krieges teuer bezahlen müssen: 90 Prozent der historischen Altstadt sanken nach einem Bombenangriff in Schutt und Asche. Inzwischen ist die freie Reichsstadt aus den Ruinen wieder auferstanden, ein wichtiger Industrie- und Handelsplatz, Stadt des Spielzeugs und des schönsten Christkindlmarkts in Deutschland, Dürer-Stadt und Stadt der Bratwürste und Lebkuchen; den Honig dafür sammelten die Zeidler (Imker) früher in den Wäldern um Nürnberg. Auf der Kaiserburg residierten ein halbes Jahrhundert (von 1050 – 1571) alle Kaiser und Könige. Immer schon hatten Kunst und Handwerk in der Stadt goldenen Boden. Albrecht Dürer („Die betenden Hände") galt als Handwerker, Hans Sachs, der dichtende und singende Schuhmacher und Poet, sowieso – im 14. Jahrhundert zählte Nürnberg schon 50 verschiedene Handwerker mit 1200 Meistern (Peter Henlein erfand die Taschenuhr, das „Nürnberger Ei"). Ihnen zu Ehren schrieb der große Komponist Richard Wagner eine Oper, die 1868 in München uraufgeführt wurde.

T.   Die Meistersinger

Z.   Tannhäuser

L.   Lohengrin

5 Vom höchsten innereuropäischen Gebirge, den Alpen,
haben die Bayern an ihrer Südgrenze ein gutes Stück abgekriegt. Und vor allem im letzten Jahrhundert touristisch
aufgeputzt, so dass die Umweltschützer inzwischen vor dem
Bau weiterer Skilifte warnen. Sorgen um das Wintersport- und
sommerliche Wanderparadies machen sich auch die Klima-
forscher, die auf das dramatische Abschmelzen der Gletscher
verweisen, denn die Alpen sind Europas wichtigste Klima- und
Wasserscheide. Allein 128 Berge recken sich seit etwa 30 Millionen Jahren viertausend Meter in die Höhe, der Montblanc
an der Grenze Frankreichs zu Italien überragt sie mit seinen
4807 Metern alle. Bayerns und zugleich Deutschlands höchster
Berg, die Zugspitze, hat das Wachstum im Tertiär bei knapp
3000 Metern beendet. 13 Millionen Menschen leben in den
acht Staaten des Alpenraums, neben Deutschland, Frankreich,
Monaco, Italien, die Schweiz, Österreich, Slowenien – der
achte macht als Oase für Steuer-Flüchtlinge immer wieder
Schlagzeilen.

C.   Ungarn

T.   Tschechien

E.   Liechtenstein

6 Zwei „W's" haben das Bild von Bayreuth, der Hauptstadt
Oberfrankens, geprägt: Prinzessin Wilhelmine, Lieb-
lingsschwester des Preußenkönigs Friedrich des Großen, deren
Todestag sich 2008 zum 250. Mal jährte. Sie hinterließ der

Stadt prachtvolle Barockbauten. Das Markgräfliche Opern-
haus, eines der schönsten Theater des 18. Jahrhunderts, Altes
und Neues Schloss, Hofgarten und Eremitage bilden ein En-
semble aus Gebäuden und Parks, das europaweit einzigartig
ist. Ein Jahrhundert später lud der große Komponist Richard
Wagner (1813 – 1883) die ersten Gäste zur Aufführung der
Oper „Rheingold" in sein eigenes Festspielhaus, in dem nur
seine musikalischen Werke aufgeführt werden. Seither strömen
in jedem Sommer Opern-Liebhaber aus aller Welt in die Ba-
rockstadt. Auch Bundeskanzlerin Angela Merkel ist Stammgast, wenn Bayreuth zu den Wagner-Festspielen ruft. Wo steht
das berühmte Festspielhaus?

U.   Auf dem Braunen Hügel
Z.   In der Opernstraße
R.   Auf dem Grünen Hügel

7 Viele Bayern verehren ihn noch heute als ihren wahren
„Kini", den „Märchenkönig", der das Volk der Bajuwaren
mehr als zwei Jahrzehnte lang (1864 – 1886) regierte. Ein König, der tragisch endete – ertrunken im Starnberger See, vier
Tage nachdem ihn seine Regierung entmündigt und abgesetzt
hatte. Selbstmord oder Mord – Rätsel umgeben den Tod bis
heute. Sein Leben ist mehrfach verfilmt worden, durch große
Regisseure wie Käutner mit O. W. Fischer und Visconti mit
Helmut Berger in der Titelrolle; 350 Bücher sind über ihn er-
schienen. Der Nachwelt hinterließ der vor allem kulturell engagierte Regent die Traumschlösser Neuschwanstein, Linderhof
und Herrenchiemsee. 50 Millionen Touristen haben sie bisher
besucht. Ihre Eintrittsgelder spielten die 30 Millionen Mark
Baukosten, die dem „verschwendungssüchtigen" König vorge-

worfen wurden, längst wieder ein. Kein deutscher Fürst hat einen solchen Reichtum hinterlassen wie der „Kini". Sein Name?

M. Maximilian I.

S. Ludwig II.

X. Wilhelm I.

8 Die Berge ragen hier nicht so hoch empor wie im benachbarten Wettersteingebirge, aber als Urlaubsziel ist dieser Landstrich Bayerns ein heißer Tipp. Von Füssen aus ist es ein Katzensprung zu den Königsschlössern Neuschwanstein und Lindenberg. Durch die Wasserkuren des Pfarrers Sebastian Kneipp wurde Bad Wörishofen weltbekannt. Käse von gesunden Kühen auf den Almwiesen gibt's überall, vor allem den berühmten Emmentaler, dessen große Löcher durch schnellen Gärungsprozess entstehen (je langsamer er gärt, umso kleiner die Löcher). Seinen Namen verdankt er übrigens dem Tal der Emme in der Schweiz, wo er zuerst produziert wurde. Hoch hinaus geht es in Oberstdorf, auf den Sprungschanzen des Kurortes startet jedes Jahr die traditionelle Vierschanzen-Tournee. Vom nahen Gipfel des Nebelhorns (2224 Meter) hat man bei schönem Wetter einen grandiosen Panoramablick über die Alpen. Wie heißt die im Sommer wie Winter bei Touristen beliebte Region Bayerns?

T. Allgäu

U. Bayerischer Wald

V. Kleinwalsertal

9 Ein Zufall rettete die mittelalterliche fränkische Stadt an der Tauber, die Ausländer als typische deutsche

Kleinstadt begeistert, in den letzten Kriegstagen 1945 vor der Zerstörung. Die Artillerie der US-Truppen war schon in Stellung gegangen, um die „Festung" in Schutt und Asche zu legen, als sich im letzten Augenblick John McCloy, der spätere amerikanische Hochkommissar in Deutschland, einschaltete und den Daumen senkte. Grund: Seine Mutter hatte das Juwel mit Stadtmauer, verwinkelten Gassen und Giebelhäusern vor dem Krieg besucht und ihm immer wieder davon vorgeschwärmt. 300 Jahre früher war die Stadt an der Romantischen Straße schon einmal auf wundersame Weise gerettet worden. Im Dreißigjährigen Krieg drohten marodierende Truppen des Generals Tilly den Ort niederzubrennen. Tilly, so die Legende, ließ sich auf einen Handel ein: Wenn einer der Ratsherren einen Becher mit drei einviertel Liter Wein in einem Zug leert, würde er die Stadt verschonen. Altbürgermeister Nusch schluckte und schluckte und reichte dem General den leeren Becher. Ein Ereignis, das jedes Jahr mit dem Spektakel vom „Meistertrunk" gefeiert wird – in welcher Stadt?

E.   Rothenburg
F.   Würzburg
G.   Nördlingen

10 Die alte Bergstadt Auerbach in der Oberpfalz, der nordöstlichsten Region Bayerns, hätte wohl kaum Geschichte geschrieben, gäbe es da nicht den „Dr. Auerbach", der eigentlich Heinrich Stromer hieß. Der war im Mittelalter ein angesehener Arzt, behandelte Fürsten und hatte reich nach Leipzig geheiratet, wo er in der Altstadt ein Haus kaufte und im Keller eine Gaststätte eröffnete, die heute zu den fünf bekanntesten in der Welt zählt: Auerbachs Keller unter der

Mädlerpassage. Hier ritt im Jahre 1525 Dr. Johannes Faustus angeblich auf einem Weinfass die Kellertreppe hinauf und sein Begleiter Mephistopheles bohrte einen Tisch an und ließ vor den erstaunten Zechbrüdern aus den Löchern Wein sprudeln. Die alte Sage hat später einen berühmten Dichter, der in Leipzig studierte und Stammgast in Auerbachs Keller war, zu einer feuchtfröhlichen Szene in seinem bekanntesten Drama angeregt. Name des Dichters?

A.   Schiller
B.   Lessing
I.   Goethe

Edmund Stoibers sehnlichsten Wunsch bei seinem Abschied als bayerischer Ministerpräsident, den 38 Kilometer von Münchens City entfernten Flughafen im Erdinger Moos mit dem schnellen Transrapid an die Innenstadt anzubinden, ließ sein Nachfolger-Tandem Beckstein und Huber im Frühjahr 2008 platzen: kein Geld für die Magnet-Schwebebahn, zu teuer. Seit der Inbetriebnahme 1992 hat sich der Airport (internationaler Code MUC) nach Frankfurt zum wichtigsten deutschen Luftfahrt-Drehkreuz entwickelt. Die Zahl der Passagiere ist auf jährlich 42 Millionen angewachsen. Neben der nüchternen Ortsbezeichnung Flughafen München II trägt das supermoderne Bauwerk den Namen eines urbayerischen Politikers, der von 1949 an wortgewaltig in der Bundespolitik mitmischte und die letzten zehn Jahre bis zu seinem Tod 1988 als Regierungschef des Freistaates die Modernisierung Bayerns als Hightech-Standort energisch vorantrieb. Die Gründung des europäischen Flugzeugbauers Airbus geht vor allem auf seine Initiative zurück. Der Name des unvergessenen CSU-Chefs?

N. Franz Josef Strauß

X. Alfons Goppel

Z. Max Streibl

Das Lösungswort:

1	2	3	4	5	6	7	8	9	10	11

Wenn Sie die fett gedruckten Buchstaben vor den jeweils richtigen Antworten in der Reihenfolge 1 – 11 hintereinander schreiben, haben Sie das Lösungswort. Es ist der Name eines Alpen-Gebirges, dessen höchster Berg die Zugspitze ist.

Infos

Bayern hat´s gut: mit Baden-Württemberg die niedrigste Arbeitslosigkeit in Deutschland. Gelungene Umwandlung von einem rückständigen Agrarstaat in einen modernen Hightech-Standort. Wirtschaftlich stärkste Region ist der Großraum München mit Automobil-Industrie, IT-Sektor, Medien, Rüstungsindustrie, aber auch Tourismus. Im Süden sind neben Augsburg und Ingolstadt das Bayerische Chemiedreieck zwischen Chiemsee, Inn und Salzach wichtige Standorte. In Nordbayern trägt die Metropolregion Nürnberg-Fürth-Erlangen zum Wohlstand des Freistaates bei. Die Berge und Seen sind bei Touristen aus aller Welt sehr beliebt. Bayern ist stolz auf seine tausend Jahre alte Kultur- und Geistesgeschichte. Mit 1150 Museen ist es das museumsreichste Land der Bundesrepublik. Und: Mit dem FC Bayern München hat das Land einen Top-Fußballverein, der national wie international oben mitkickt. Seit

1962 regierte in Bayern (58 Prozent Katholiken) die CSU mit absoluter Mehrheit. Nach der Wahlschlappe 2008 musste sie mit der FDP eine Koalition eingehen. Bei der Landtagswahl 2013 holte Regierungschef Horst Seehofer mit 47,7 Prozent für die CSU die absolute Mehrheit zurück. Bei der Wahl 2018 trat Markus Söder an, der auch Nachfolger als CSU-Chef von Seehofer wurde, der als Bundesinnenminister nach Berlin wechselte.

Kiel
Schleswig-
Holstein

Mecklenburg-
Vorpommern

Schwerin

Bremen

Hamburg

Niedersachsen

Berlin

Hannover

Magdeburg

Potsdam

Brandenburg

Nordrhein-
Westfalen

Düsseldorf

Sachsen-
Anhalt

Sachsen

Bonn

Hessen

Erfurt

Dresden

Thüringen

Rheinland
Pfalz

Wiesbaden

Mainz

Saarbrücken

Saarland

Stuttgart

Bayern

Baden-
Würtemberg

München

SACHSEN:
Hightech und Barock

I „Mein Leipzig lob ich mir": Goethes Leipzig-Lob hat inzwischen viele Nachahmer. Vor allem seit jenen historischen Oktober-Montagen im deutschen Wende-Jahr 1989, als von der Nikolaikirche aus die Massen auf dem sechsspurigen Ring um die Innenstadt zogen: „Wir sind das Volk!" Leipzig, Heldenstadt der Revolution in der DDR, wo der Aufstand begann und sich dann übers ganze Land ausbreitete, bis die SED-Führung kapitulierte und sich die Mauer – Symbol der Teilung in Berlin – öffnete. Dass in Leipzig Hunderttausende ohne Gewalt demonstrierten, ist vor allem das Verdienst eines Mannes, der im kulturellen Leben der Messestadt eine besondere Rolle spielte und hohes internationales Ansehen genoss: Kurt Masur († 2015) . Er sorgte – neben anderen mutigen Männern – dafür, dass der Volksaufstand nicht eskalierte und die waffenstarrende Staatsmacht sich zurückzog. 26 Jahre lang war Masur Dirigent eines Orchesters, das auf eine mehr als 260jährige Tradition zurückblickt und in den Musikzentren der ganzen Welt Riesenerfolge feiert. Der Name?

M.   Gewandhaus-Orchester
X.   Thomanerchor
Z.   Leipzigs Oper

2 Das in Europa produzierte Porzellan feierte 2008 Geburtstag: Ein verschlüsseltes Blatt Papier, datiert vom 15. Januar 1708, dokumentiert, wie vor 300 Jahren im sächsischen Meißen zum ersten Mal das „weiße Gold" gebrannt wurde (in

China gab es Porzellan schon im 7. Jahrhundert). Eigentlich wollte der herrschende Sachsen-Kurfürst, der auch König von Polen war, dass der Apotheker Johann Friedrich Böttger in seiner Alchimisten-Küche für ihn echtes Gold zusammenbraute. Weil er Geld, viel Geld brauchte – für seinen aufwändigen Lebensstil und seine ungezählten Mätressen, mit denen er 267 Kinder gezeugt haben soll. Aber auch Böttgers Porzellan, das den weltweit guten Ruf der Meißener Porzellan-Manufaktur begründete, war Gold wert für den Barockfürsten, der von 1694 bis 1733 die Sachsen regierte, Kunst und Architektur förderte, Schloss Moritzburg, den Dresdner Zwinger und die Frauenkirche bauen ließ und wegen seiner ungewöhnlichen Körperkraft welchen Namen trug?

B. Karl der Große

O. August der Starke

Z. Heinrich der Löwe

3 Oberwiesenthal am Fuß des Fichtelbergs im äußersten Süden Sachsens nahe der tschechischen Grenze ist mit 914 Metern Deutschlands höchstgelegene Stadt. Kein Wunder, dass in diesem beliebten Schneeparadies des Erzgebirges Pisten-Talente heranwachsen. Ulrich Wehling (Nordisch Kombinierter) holte Olympia-Gold. Und einer, den die begeisterten Fans wegen seiner 55 Kilo Körpergewicht bei 1,70 Meter Größe liebevoll den „Floh" nannten, sprang schon als Sechsjähriger sechs Meter weit, und auf dem Höhepunkt seiner Traumkarriere durchbrach er die 200 Meter-Grenze. Flieg, Adler, flieg: In der DDR und nach der Wende in Gesamtdeutschland heftete er Sieg um Sieg an seine Bretter. Viermal Platz eins bei der Vierschanzen-Tournee, dreimal Olympia-Sieger, zweimal

Weltmeister – ein Ausnahme-Talent. Seine Heimatstadt Oberwiesenthal, der er auch nach seinem Abschied vom Skisprin-
gen treu blieb, hat den heute Mittvierziger zum Ehrenbürger
ernannt. Sein Name?

> **Q.** Dieter Thoma
> **L.** Sven Hannawald
> **R.** Jens Weißflog

4 Eine wunderschöne Stadt, von der schon Gottfried Her-
der als „deutsches Florenz" schwärmte. Dresden, Sachsens Landeshauptstadt, seit dem 17. und 18. Jahrhundert ein
Museum der Baukunst – mit Brühlscher Terrasse, der im Krieg
zerstörten und nach 60 Jahren endlich wieder aufgebauten
Frauenkirche, Schloss und Theaterplatz mit Semperoper, dem
Zwinger. Eine Barock-Diva, die sich schwer tut mit modernem
Make-up. Umstritten der Glaspalast des Neuen Landtags, und
vor allem der Bau einer Brücke im Unesco-geschützten Elbtal.
Diese Anerkennung als Weltkulturerbe hat die alte Residenzstadt verloren, weil die Elbquerung vor ihren Toren gegen den
Widerstand nicht nur von Naturschützern 2013 doch noch gebaut wurde. Auch die vom Aussterben bedrohte Fledermausart
„Kleine Hufeisennase" (sie misst nur vier Zentimeter), deren
letzte überlebende Exemplare hier heimisch sein sollen, konnte
die sächsischen Oberverwaltungsrichter nicht überzeugen, einen Baustopp auszusprechen. Wie heißt das Bauwerk, das zum
Streitobjekt über Dresden hinaus wurde?

> **I.** Waldschlösschenbrücke
> **E.** Köhlbrandbrücke
> **F.** Karlsbrücke

5 Aufgewachsen ist er in einer bitterarmen Weber-Familie als fünftes von 14 Kindern, war als kleiner Junge blind und saß später acht Jahre lang im Knast wegen Diebstahls und Hochstapelei: Karl May (1842 – 1912). Im Gefängnis hatte der gelernte Volksschullehrer viel Zeit zum Bücherstudium – sein Kapital, um zu einem der meist gelesenen Schriftsteller aufzusteigen. Winnetou, Old Shatterhand (alte Schmetterhand), Old Firehand, Kara Ben Nemsi: Die Weltauflage seiner Abenteuer-Bücher (übersetzt in 40 Sprachen) erreicht 200 Millionen, etwa die Hälfte in Deutschland. Dazu kommen Spielfilme (u.a. „Der Schatz im Silbersee" mit Pierre Brice als Winnetou und Lex Barker als Old Shatterhand), Hörspiele, Comics, regelmäßige Karl-May-Festspiele. Zu Geld gekommen, schuf sich der Vielschreiber in Radebeul bei Dresden seine „Villa Shatterhand", heute viel besuchtes Museum. Dort sind auch die Waffen ausgestellt, mit denen die „Blutsbrüder" Winnetou und Old Shatterhand „für das Gute stritten". Shatterhands „Henrystutzen" (25 Schüsse ohne nachzuladen) und „Bärentöter" (eine besonders schwere Büchse) – und womit lehrte Winnetou, Häuptling der Mescalero-Apachen, seine Gegner das Fürchten?

T. Silberbüchse

Q. Pfeil und Bogen

Y. Colt

6 Einen Führerschein besaß er nicht, aber Autos baute er und begründete damit die hundertjährige Automobil-Tradition in Sachsens viertgrößter Stadt: August Horch (Horch und Audi, was die lateinische Übersetzung von horch! ist, DKW und Wanderer). Nach dem Weltkrieg II erfüllen sich hier die automobilen Träume der DDR-Bewohner. Zwar erst nach 12 Jahren Wartezeit und, wie der Schriftsteller Thomas Brussig schreibt, mit einem „Primitiv-Auto, aufs Notwendigste reduziert. Der Trabant war die Auto gewordene Verachtung der DDR-Obrigkeit gegenüber ihrem Staatsvolk." Das aber war froh, wenigstens mit einem wenn auch lauten, stinkenden Zweitakter aus „Pappe" (in Wirklichkeit Duroplast, ein Gemisch aus Baumwollfasern und Phenolharz) der Enge entfliehen zu können. Nach der Wende wollten die Bürger „richtige" Autos und keinen Trabi mehr, von dem immerhin drei Millionen Exemplare die DDR-Straßen beherrschten: Der letzte rollte am 30. April 1991 vom Band. Zwar ist der Trabi tot oder Kult für alle, die ihn immer noch fahren, aber die Autobauer-Tradition lebt mit VW (Golf, Passat) in der Stadt im Südwesten Sachsens erfolgreich fort. Ihr Name?

A.   Chemnitz

Z.   Zwickau

C.   Leipzig

7 Sie will nicht nur „Pensionopolis" sein, die Stadt mit 3500 Baudenkmälern und einem der besterhaltenen historischen Stadtkerne Deutschlands, deren Einwohnerzahl vor allem durch den Zuzug von Pensionären wieder wächst: Görlitz in der Oberlausitz, Grenzstadt an der Neiße zu Polen. Mit Zgorzelec am gegenüberliegenden Ufer, das durch die Grenzziehung nach dem Krieg abgetrennt wurde, versteht sich Görlitz als *eine* Europastadt. Seit vier Tage vor Weihnachten 2007 die Grenzpfähle zum Nachbarn Polen abgebaut wurden, ist Deutschlands östlichste Stadt endlich von ihrer

Randlage befreit und Teil des freien Reiseverkehrs in 24 europäischen Ländern. Genau wie das weiter südlich gelegene Zittau mitten im Dreiländereck Sachsen – Tschechien – Polen, wo Kanzlerin Angela Merkel gemeinsam mit den polnischen und tschechischen Regierungschefs das Ende der Kontrollen an den Ostgrenzen als einen „wahrhaft historischen Moment" und Chance für den lang ersehnten Aufschwung feierte. Die Öffnung der Grenze ermöglichte ein Vertragswerk europäischen Staaten, das 1985 in einem Ort, der ebenfalls in einem Dreiländereck liegt, abgeschlossen wurde. Name?

K. Römische Verträge

O. Vertrag von Paris

B. Schengener Abkommen

8 Chemnitz, Sachsens drittgrößte Stadt, einst das „sächsische Manchester", vom Industrie-Staub befreit. Stadt mit Köpfchen: Das erste vollsynthetische Feinwaschmittel und die Thermoskanne wurden hier erfunden. Stadt mit Kopf: Unverrückbar thront der 7,10 Meter hohe Bronzekopf des Philosophen Karl Marx („Das Kapital"), der Chemnitz nie gesehen hat, mitten in der City. Heute dient er der Stadt, die von 1953 bis 1990 seinen Namen tragen musste, als Souvenir und Wahrzeichen („D´r Nischl", sächsisch für Kopf). Das älteste Wahrzeichen, der Rote Turm aus dem 12. Jahrhundert, ist auf der neuen Deutschland-Ausgabe des Monopoly-Spiels zu sehen. Für den guten Ruf als Stadt sportlicher Höchstleistungen sorgen viele Athleten, die olympische Medaillen heimbrachten: Diskusrecke Lars Riedel und vor allem drei Eiskunstläuferinnen. Eine ist Königin (zweimal Olympia-Gold, viermal Weltmeisterin, sechsmal Europameisterin), Star bei „Holiday on

Ice", TV-Kommentatorin mit eigener Show, die sich 41-jährig vom Eis verabschiedete. Was nur Marilyn Monroe gelang, schaffte sie 1998 mit Nacktfotos im „Playboy": Das Männer-Magazin war weltweit ausverkauft. Der Name des erfolgreichsten deutschen Eisstars?

A.   Anett Pötzsch
Z.   Gaby Seyfert
U.   Kati Witt

9 Der Berg rief und die Hoffnung auf Reichtum lockte Zehntausende an. In Freiberg, der ältesten Bergstadt im Erzgebirge, wurde vor 800 Jahren Silber gefunden – wovon vor allem die sächsischen Landesfürsten, die den Zehnten kassierten, profitierten. Der Silberrausch ließ auch Annaberg-Buchholz und Schneeberg schnell aufblühen. In Seiffen nährte das Auswaschen von Zinn (das Seifen) aus dem Verwitterungsschutt der Täler den Bergmann, der zehn Stunden für kargen Lohn schuftete. 1969 wurde die letzte Schicht gefahren. Von 700 Erzgruben ist nur ein Besucherbergwerk, die „Reiche Zeche" in Freiberg, geblieben. Aber die Erinnerung an den Bergbau lebt. Von ihren Vorfahren übernahm die Erzgebirgler die Kunst des Schnitzens: Schwibbögen, die den Stolleneingang zum Bergwerk darstellen, Engel mit Kerzen in den Händen (Lichtbringerin für den Mann, damit er aus dem Dunkel des Schachts den Weg nach Hause findet), Nussknacker und viel anderes geschnitztes und gedrechseltes Spielzeug, das sich gegen den billigen Ramsch aus Fernost gut behauptet und weltweit gefragt ist. Ein Gruß, der im 16. Jahrhundert im Erzgebirge entstand, ist noch heute überall da populär, wo Bergleute zu Hause sind.

R. Glück auf

H. Glück ab

K. Glück hernieden

10 Gugge ma, was die Sachsen alles so drauf haben! Ihrem Gribbs (Verstand) verdanken wir manches, das uns täglich umgibt. Der BH zum Beispiel kommt aus der Barock-Metropole Dresden. Christine Hardt schneiderte das erste „Frauenleibchen als Brustträger". Die verstellbaren Träger, von denen das Leibchen abgeknöpft wurde, waren anfangs Männerhosenträger. Eine andere Dresdner Hausfrau, Melitta Bentz, ärgerte sich über den Kaffeesatz beim letzten Schluck aus der Tasse. Also durchlöcherte sie den Boden eines Messingtopfes, legte ein Löschblatt aus dem Schulheft ihres Sohnes darauf: Der Kaffeefilter war erfunden. Den für Bayern typischen Lodenmantel hat nicht etwa ein Bajuware erfunden. Das erste Stück entstand im Laden von August Loden in Dresden. Die Zahncreme, die unter dem Namen „Chlorodont" weltbekannt wurde, füllte ein Dresdner Apotheker in Tuben – davor gab es Zahnpulver auf Kreidebasis. Ein rollendes Ungetüm konstruierte Johann Andreas Schubert: die erste in Deutschland gebaute funktionstüchtige Lokomotive, die 1839 zwischen Leipzig und Dresden dampfte (vier Jahre vorher hatte die von Engländern gebaute „Adler" zwischen Nürnberg und Fürth das Eisenbahn-Zeitalter eröffnet). Zu Ehren seiner Heimat gab der sächsische Maschinenbauer seinem Modell welchen Namen?

G. Saxonia

F. Sachsen-Roller

L. Der starke August

Das Lösungswort:

1 ☐ 2 ☐ 3 ☐ 4 ☐ 5 ☐ 6 ☐ 7 ☐ 8 ☐ 9 ☐ 10 ☐

Wenn Sie die fett gedruckten Buchstaben vor den jeweils richtigen Antworten in der Reihenfolge 1 – 10 hintereinander schreiben, haben Sie das Lösungswort. Es ist das nördlich von Dresden auf einer Insel im Schlossteich gelegene Jagdschloss des Sachsen-Königs August des Starken. Ein Museums-Muss mit barockem Mobiliar und wertvollem Porzellan. Im kleinen Hafen mit Mole und Leuchtturm ließ der Fürst die höfische „Flotte" Seeschlachten schlagen.

Infos

Schlag nach bei Goethe: Von Zeit zu Zeit hör ich die Sachsen gern, er macht ja auch „geenen Ärcher". Nur in Berlin, klagt er, da „gönn´se ihn nich leiden." Das moderne Sachsen, das zwölf dynamische Aufbau-Jahre nach der Wende seinem agilen Ministerpräsidenten Prof. Kurt Biedenkopf („König Kurt") verdankt, hat in den neuen Bundesländern eine Führungsrolle. Sachsen ist zu einem Zentrum der Mikroelektronik geworden. Mit 250 Unternehmen ist sie ein wichtiges Standbein der Wirtschaft. Im Freistaat leben 4 Millionen Menschen. Die nationale Minderheit der Sorben (40.000) verteilt sich auf Siedlungsgebiete in der Lausitz. Der Himmel über Sachsen, einst braunkohlenstaub-geschwängert, ist sauberer geworden, Braunkohle wird nur noch mit neuen Anlagen in der Leipziger Bucht und in der nördlichen Lausitz gefördert. Im Erzgebirge, Vogtland, der Sächsischen Schweiz und vor allem in Dresden spielt der Tourismus eine wichtige Rolle. Sachsen über sich selbst: „Mir Sachsen, mir sin helle, das wees de ganze Weld, und simmor ma ni helle, dann hammor uns verschdelld."

Auflösungen

SCHLESWIG-HOLSTEIN: .... Thomas Mann

HAMBURG: .... Helmut Schmidt

MECKLENBURG-VORPOMMERN: .... Fritz Reuter

NIEDERSACHSEN: .... Muenchhausen

BREMEN: .... Braunkohl

LAND BRANDENBURG: .... Der Alte Fritz

BERLIN: .... Currywurst

SACHSEN-ANHALT: .... Reformation

THÜRINGEN: .... Grünes Herz

HESSEN: .... Documenta

NORDRHEIN-WESTFALEN: .... Ruhrgebiet

RHEINLAND-PFALZ: .... Westerwald

SAARLAND: .... Saarstahl

BADEN-WÜRTTEMBERG: .... Reichenau

BAYERN: .... Wetterstein

SACHSEN: .... Moritzburg

Der Autor

Helmut Reinke, Jahrgang 1928, geboren in Essen, startete als 20-Jähriger in den Journalistenberuf. Volontariat in Ansbach/Franken, danach Redakteur bei Tageszeitungen in Kassel, Essen, Köln, Berlin. Er arbeitete als politischer Redakteur, Lokalredakteur, Reportagen- und Serienautor, als Bürochef bei BILD-Berlin.

Seit Mitte der 60er Jahre lebt er in der Medien-Metropole Hamburg, wo er in den Zeitschriften-Journalismus wechselte. In den Großverlagen Gruner + Jahr, Bauer und Springer war er bis 1989 Chefredakteur (ES, Fernsehwoche, Bildwoche, Hörzu).

Von 1990 an engagierte er sich im Auftrag des Springer-Verlages beim Neuaufbau des Pressewesens in Ungarn und in der ehemaligen DDR. Bis zu seiner Pensionierung Ende 1994 war Reinke Herausgeber der führenden Zeitung in Mecklenburg-Vorpommern, der Rostocker Ostsee-Zeitung.

Seither arbeitet er als Autor, schreibt Kommentare und Reportagen, wobei ihm das Zusammenwachsen der Deutschen besonders am Herzen liegt. Das dokumentieren auch zwei seiner Bücher: „Die Hoffnung hat Halbzeit", eine Zwischenbilanz nach 15 Jahren Einheit (2005) und „Weil wir hier zu Hause sind", die Story von den zwei Leben einer Zeitung in der DDR und nach der Wende (2002).